밍글라바, 미얀마

밍글라바, 미얀마

밍글라바, 미얀마

초판 발행 2012년 7월 16일

글 · 사진 | 김현미

발행인 | 권오현 부사장 | 임춘실
기획 | 이헌석 편집 | 김가영 · 김설아 · 김혜숙 디자인 | 안수진
마케팅 | 김영훈 · 강동근

펴낸곳 | 돋을새김
주소 | 서울시 종로구 이화동 27-2 부광빌딩 402호
전화 | 02-745-1854~5 팩스 | 02-745-1856
홈페이지 | http://blog.naver.com/doduls 전자우편 | doduls@naver.com
등록 | 1997.12.15. 제300-1997-140호
인쇄 | 금강인쇄(주)(02-852-1051) 용지 | 신승지류유통(주)(02-2270-4900)

ISBN 978-89-6167-094-4 (13980)
Copyright ⓒ 2012, 김현미

값 15,000원

*잘못된 책은 구입하신 서점에서 바꿔드립니다.
*이 책의 출판권은 도서출판 돋을새김에 있습니다. 돋을새김의 서면 승인 없는 무단 전재 및
 복제를 금합니다.

밍글라바,
미얀마

김현미 글·사진

돋을새김

프롤로그

그날도 여느 때처럼 인터넷을 검색하며 '어디 멋진 곳 없나' 하고 열심히 클릭을 하고 있었다. 뾰족한 첨탑의 으리으리한 성당, 해 질 녘 붉게 타오르는 사막, 화려한 네온사인으로 뒤덮인 빌딩들. 멋진 사진들을 훑으며 감탄을 하고 있을 때, 한 장의 사진이 내 시선을 단번에 붙잡았다. 깨끗한 호수 위에 떠 있는 조각배, 그 위에 커다란 통발을 싣고 한 발로 노를 젓는 사람. 그것은 미얀마의 '인레 호수'의 풍경이었다. 평화롭고 고요한 분위기의 이 사진 한 장이 무척이나 강렬하게 다가왔다. 마음속에서 갈등이 시작된 것은 그때부터였다. 이번에 떠날 여행지로 다른 곳을 생각해두고 있었는데, 갑자기 미얀마라는 나라에 관심이 가기 시작한 것이다.

그렇게 사진 한 장에 꽂혀 미얀마에 대해 찾아보기 시작했다. 그런데 점점 알아갈수록 호기심을 자극하는 요소들이 매우 많았다. 첫째, '미얀마병'에 걸린 사람들이 많다는 것. 미얀마병이란, 미얀마 여행을 다녀온 사람들이 그곳을 그리워하는 것을 말하는데, 치료법은 없고 재차 삼차 미얀마로 다시 여행을 가는 방법밖에 없다고 했다. 둘째, 인연이 있어야만 갈 수 있는 나라. 미얀마를 두고 '인연이 있어야만 갈 수 있는 나라'라고 한단다. 돈과 시간이 많다 하여 갈 수 있는 곳이 아니라 '인연'이 있어야만 갈 수 있는 나라라니. 여러 이유가 있었지만, 사전에 비자를 받아야 하고 육로로는 입국이 금지되어 있기에 쉽게 갈 수 없어서 그렇다고 했다. 셋째, 위험한 나라 같은데 다녀온 사람들의 이야기를 들으면 한결같이 '좋다'는 말이 한 가득이었다. '좋다'는 것에는 여러 가지가 있었지만, 특히 '미얀마 사람들'이 좋다고 했다. 무척이나 순박하고 친절하단다. 그래서 결심을 했다. 미얀마로 떠나기로.

　시간을 넉넉히 낼 수 없었기에 14일이란 짧은 일정으로 항공권을 구매했다. 그러고 나서 2주라는 기간을 어떻게 보낼까 생각했다. 역시, 1순위는 '사람'이었다. 사람들과 어울리고 즐기는 것을 여행의 가장 큰 목적이자 이유로 생각하기에, 어디서 뭘 보고 뭘 먹었다기보다 사람을 만나러 다니는 여행을 꿈꾸었다. 그리고 최근에 배우기 시작한 우쿨렐레를 들고 가기로 했다. 사람들과 음악을 통해 교감하고자 했던 작은 바람이 있었기 때문에. 평소 즐겨 부르는 노래이면서 다른 이들도 다 같이 좋아힐 만한 노래 세 곡을 정하고 코드를 외웠다. 〈Hotel California〉 〈What's up〉 〈I'm yours〉. 이 노래들이 사람들과 어울리는 데 조금이라도 도움이 되길, 그리고 여행에 활력소가 되어주길 바랐다.

　그리고 떠났다. 미얀마로.

차례
Contents

프롤로그 006

양곤 Yangon
012
밍글라바, 미얀마!

앞으론 착하게 살게요 • 014
밍글라바, 안녕하세요 • 016
너는 구준표, 나는 금잔디 • 022

만달레이 Mandalay
034
키스해도 될까요?

이름이 뭐예요? • 036
누나라고 부를게요 • 038
여자의 마음은 갈대라더니 • 043
일단 덥석 타고 보는 거야 • 045
일부러 그런 건 아니었어 • 052
뱅기푠을 모르다니 • 060
그들의 발은 아름다웠다 • 063
토끼는 어떻게 울지? • 070
두근두근 우쿨렐레 첫 공연 • 074
키스해도 될까요? • 082

슬로보트 Slowboat

086

가까이, 더 가까이

구경꾼 · 088
범상치 않은 청년, 혼자 · 092
너희들은 내 땅예진이야 · 098
노을은 나를 물들이고 · 104

버간 Bagan

110

파고다에 울려 퍼지는 소리

꿩 대신 닭 · 112
멋진 곳을 추천해주세요 · 116
내 남자친구는 구준표 · 126
분노의 질주 · 130
세상에서 가장 가슴 따뜻한 일출 · 142
마시옵다면, 돈 내지 마세요 · 146
감추지 않아도 되는 것 · 149
뜻밖의 환호성 · 153

껄로 Kalaw

걷고, 걷고 또 걷고 · 160

- 내 눈을 사로잡은 건 · 162
- 로컬과 어울리는 방법 · 164
- 여행의 진정한 의미 · 170
- 으메, 죽겠네 · 172
- 밉상, 프리츠 · 178
- 한국드라마 때문에
- 애들이 공부를 안 해요 · 183
- 걷고 또 걷고 계속 걷고 미치도록 걷고 · 192
- 뿌와악, 물집이 터졌다 · 200
- 하야면 다 예뻐 · 208
- 트레킹 vs 트럭킹 · 212

인레 호수 Inle Lake

미소가 아름다운 사람들 · 222

- 그래도 난 한 번은 감았지 · 224
- 한 곡 더, 한 곡 더! · 228
- 천국이 따로 없네 · 232
- 우리는 우먼파워! · 249
- 공자가 죽어야 나라가 산다 · 254
- 시장 구경, 사람 구경 · 265
- 쉿! 목소리 낮춰 · 275
- 한국에 꼭 놀러오세요 · 281

다시, 양곤 Yangon

286

인연이 있어야만 올 수 있는 나라

뜻밖의 인연을 만나다 • 288
13달러짜리 '금'치찌개 • 292
기차 안에서 벌어진 혈투 • 300
정신 차려, 코코야! • 307
맥주 두 잔에 넉다운 • 312
인연이 있어야만 올 수 있는 나라 • 315

에필로그 **322**

부록 ▌미얀마 여행 Q&A **325**

양곤 Yangon

밍글라바,
미얀마!

앞으론 착하게 살게요

온몸을 부르르 떠는 게 벌써 몇 번째인지 모르겠다. 코는 시큰시큰, 이는 따악따악, 몸은 부들부들……. 소파 팔걸이 아래로 몸을 끼워 넣고 잠을 청하는데, 일어나려고 보니 몸이 그대로 얼어붙었는지 도무지 꿈쩍할 생각을 않는다.

지금 여기는 베이징 공항. 시계를 확인하니 새벽 5시. 오늘 아침 양곤으로 들어가는 비행기를 타기 위해 거지 나부랭이 같은 얇은 담요 한 장을 덮고 공항에서 노숙하는 중이다. 전광판을 보니 실내 온도가 21도라고 하는데 2.1도에서 점이 안 찍힌 게 아닌가 싶을 정도다. 차가운 돌바닥과 불편한 소파를 전전해가며 새우잠을 자는 것도 이제는 점점 한계에 다다랐다. 또다시 잠이 들었다가는 금방이라도 입 돌아갈 것 같다. 윽, 이만 일어나자!

당장에라도 썩어버릴 듯한 동태눈을 하고선 좀비처럼 슬금슬금 걸어가 화장실로 향했다. 예전에는 공항 화장실에서 머리도 감고 핸드드라이기로 말리기까지 했는데, 여기는 사람이 너무 많아서 그렇게까지 하기에는

좀 망설여진다. 지금 이 순간의 쪽팔림을 무마하고 '변장술'을 보여줄 것인가 아니면 고양이 세수만 하고 하루 종일 '떡 진 머리'로 돌아다닐 것인가. 고민 끝에 나름 또 이미지 관리에 신경 쓴다며 후자를 택한다. 그러나 옷 위에 걸친 거적때기 같은 담요, 부랑자를 연상케 하는 머리…… 대체 신경 쓸 이미지가 있긴 한 거냐? 벌써부터 홈리스 필이 충만하다.

곧이어 양곤으로 떠나는 비행기를 타기 위해 공항 내 셔틀버스를 기다리는데, 미국인으로 추정되는 대여섯 살쯤 된 여자아이가 내 뒤에서 아빠 귀에 대고 작게 소곤대는 소리가 들린다.

"아빠아빠, 저 언니가 'American Tradition'이라고 써진 옷을 입고 있어요."

뭐, 뭐라구? '꼬마야, 네 말 다 들린단다' 하고 혼잣말을 하던 찰나, 그제야 입고 있는 야구점퍼 뒷면에 'American Tradition'이라는 프린팅이 새겨져 있다는 게 생각났다. 공항까지 이걸 입고 와버리다니! 옷을 벗어 당장 창밖에 내다 버리고 싶었지만, 그것도 잠시뿐. '아메리칸 드림' '아이 러브 양키' '아이 러브 조지 부시'라는 문구로 도배되어도 괜찮으니 제발 누가 따뜻한 담요 몇 장만 걸쳐줬으면 했다. 정말이지 이대로 있다간 얼어 죽을 것만 같았기 때문이다.

비행기가 뜨기 시작한 지 얼마 되지 않아 갑자기 심하게 요동쳤다. 그간 수많은 난기류를 만나 봤지만, 오늘 같은 날은 처음이다. 급기야 승객들은 일제히 탄식을 내뱉었고, 나는 팔걸이를 아주 꽈아아악 쥔 채로 눈을 '질끈' 감길 몇 번이나 반복했는지 모른다. 엄마야, 나 죽겠네. 완전 사람 피를 말리는구나!

불현듯 내 삶이 주마등처럼 스쳐 지나가기 시작했다. 보통 죽음을 눈앞에 둔 순간에 이런 걸 느낀다던데. 으윽, 끔찍한 생각은 그만 집어치우자! 나는 마음의 안정을 찾기 위해 헤드폰에서 흘러나오는 노래를 속으로 흥얼거리기 시작했다. 조금 나아지는가 싶더니 또다시 비행기가 덜덜거린다.

'으으으, 제발, 젭알, 제봐알, 제에바아아아알!'

노래고 뭐고 이제는 '제발'을 읊조리는 데 정신을 팔아버리기로 작정한 듯했다. 대체 몇 번을 외쳤는지 가늠하기조차 어려울 즈음, 양곤에 곧 도착한다는 안내 방송이 흘러나왔다.

으윽, 살았다. 살았어! 십년감수했네. 앞으론 착하게 살아야지.

밍글라바, 안녕하세요

양곤.

미얀마 현지인들은 '양공'이라 발음하고, 서양인들은 '랭군' 혹은 '양군' 등으로 발음한다. 아직까지도 많은 사람들이 양곤을 미얀마의 수도라고 오해하는데, 미얀마의 현 수도는 '네피도'라는 곳이다. 2005년 미얀마 정부는 양곤에서 '핀마나'라는 곳으로 수도를 옮겼고, 2006년에 '네피도'라고 개칭했다고 한다. 어쨌든 난 지금 양곤, 양공, 랭군, 양군 등 불리는 이름도 제각각인 양곤에 와 있다. 그것도 무려 23시간, 그러니까 하루 꼬박 걸려서 말이다.

입국 심사를 받고 환전을 한 뒤 오늘 밤 만달레이로 떠나는 버스 티켓을 구했다. 그리고 비싼 택시 대신 싸이카(삼륜 자전거)와 버스를 타고 시내에 나가기로 마음을

만달레이행 버스 티켓

먹었다.

   더운 날씨 탓에 점점 목이 조여오는 듯한 느낌이 들었다. 싸이카 운전사 아저씨에게 인근에 있는 버스정류장에 내려달라고 했다. 싸이카에 올라타니 기분이 이상했다. 아저씨의 나이가 나보다 적어도 두 배 이상은 많아 보이는데, 옆에서 힘들게 자전거를 끄는 모습이 너무 안돼 보였던 것이다. 이 느낌을 동정이나 연민이라고 한다면 마음이 너무 불편하고, 아저씨한테도 미안했다. 그러나 이 상황에서 평정심을 갖고 아무렇지도 않은 척한다는 건 그 자체가 말이 되지 않았다. 속에서 복잡하고 미묘한 감정들이 뒤섞여 자꾸 나를 괴롭혔다.

   '아니야, 오늘 손님 하나를 더 태웠으니 아저씨 살림에 조금이나마 보탬이 되었겠지?'

내 나이보다 두 배 이상 많아 보이는 아저씨의
싸이카를 탔을 때의 느낌이란…….

이렇게 생각하며 적당히 나 자신과 타협을 해본다. 다행히 마음이 한결 더 가벼워졌다. 싸이카에서 내리면서 아저씨를 향해 '쩨주 띤 바데(고맙습니다)'를 연거푸 외쳤다. 아저씨, 감사합니다!

배낭을 들쳐 메고 버스에 올라타니 온 사방에서 사람들의 이목이 쏟아진다. 이들에게 나는 낯선 이방인이겠지? 뒷자리를 하나 차지하고 가는데 앞에 앉은 아주머니가 자꾸 내 쪽을 돌아보았다. 입 모양으로 '밍글라바(안녕하세요)'라고 했더니 곧바로 환한 미소를 띠며 '밍글라바'라고 화답해주었다. 처음 보는 내게 상큼한 미소 한 방을 날려준 아주머니 덕에 갑자기 기분이 좋아졌다.

"아주머니, 밍글라바~!"

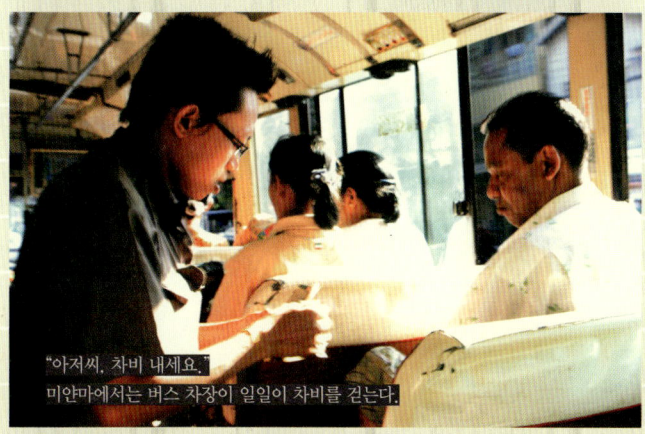
"아저씨, 차비 내세요."
미얀마에서는 버스 차장이 일일이 차비를 걷는다.

일본에서 건너온 버스라 그런지
곳곳엔 일본어 스티커가 그대로 붙어 있다.
마지막 하트는 과연 무슨 뜻일까?

버스에서 내려 간단히 차를 마실 수 있는 로컬 카페를 찾았다.

"밍글라바(안녕하세요)! 여기 러펫예(밀크티에 연유를 탄 미얀마 전통차) 팔아요?"

"팔아요. 들어오세요. 어디 사람이에요?"

"코리야 루묘바(한국 사람이에요)."

"어머, (한국어로) 안녕하세요."

오호, 직원의 입에서 한국어가 바로 나오다니. 직원들은 하던 일을 멈추고 내게 다가와 주위를 빙 둘러싸며 호기심을 보였다.

이윽고 주문한 러펫예가 나왔다. 처음 마셔본 러펫예는 무척이나 밍밍했다. 연유가 들어가 매우 달콤할 거라고 상상했었는데 말이다. 그런데 차를 다 마시고 보니 바닥에 연유가 고스란히 깔려 있는 게 아닌가. 연유를 섞어 달달하게 마셔야 러펫예의 참맛을 느낄 수 있는데, 제대로 젓지도 않고 그대로 마셔버렸던 것이다.

어쩜, 우리 인생도 밍밍한 러펫예 같은 게 아닐까? 처음엔 아무것도 모르지만 뒤늦은 후에야 비로소 깨닫게 되는 것. 그러나 후회해본들 돌이킬 수 없는 것. 왜 그때는 보이지 않던 것이 시간이 흐른 뒤에야 보이게 되는 걸까?

내가 미쳤나? 손발이 오글오글. 나답지 않게 너무 진지해지고 있어.

이렇게 깨끗한 컵은 여행 중 처음이자 마지막이었다.

ㅇㅇㅇ……

배낭과 짐을 맡길 곳이 필요해서 차를 마시고 난 뒤 말을 꺼내보았는데 그러라고 한다.

"일곱 시에 다시 찾으러 올게요. 쩨주 띤 바데(감사합니다)."

나는 큰 배낭과 우쿨렐레를 내려 두고 가방과 카메라만 들고 길을 나섰다.

너는 구준표, 나는 금잔디

'룰루룰루' 콧바람이 절로 나온다. 콧구멍의 평수를 최대한 넓혀서 한껏 공기를 들이마시는데, 켁켁! 매연이 장난 아니구나. 그건 그렇고 시계를 보니 구경할 시간이 고작 3시간밖에 남아 있지 않았다. 어딜 제대로 둘러보기도 그렇고, 그렇다고 카페에서 죽치고 앉아 있기도 뭐하고 뭔가를 하기엔 참 시간이 애매했다. 일단 근처에서 가장 눈에 띄는 '술레 파고다'를 둘러보기로 했다.

미얀마에서는 파고다(탑파)나 사원 안에 입장할 때 반드시 '맨발'이어야 한다. 불교에서 맨발은 자기 자신을 낮추고 남을 높이는 마음을 뜻한다. 고대 미얀마의 어느 왕은 외국 사절단이 자신을 배알하기 전에 신발을 벗지 않았다는 이유로 처형까지 했다고 하니, '맨발'이 가지는 의미가 어떠한지 알 수 있을 것이다. 어쨌든 로마에 가면 로마법을 따르라고 하듯 미얀마에 왔으면 미얀마법을 따라야 하지 않겠는가. 조심스레 신발과 양말을 벗은 뒤 입장권을 끊으러 매표소에 갔다. 매표소 앞에는 제복 느낌의 유니폼을 입은 사람들이 보였다. 그런 옷을 입은 사람들은 왠지 딱

무표정하던 경찰들도 인사를 나누면 표정이 환하게 바뀐다.

딱할 것 같았는데 예상과는 달리 전혀 그렇지 않았다.

"밍글라바(안녕하세요)!"

"어디서 왔어요?"

"한국이요."

"한국? 오호, 나 구준표 좋아해요!"

오옹? 구준표라구? 드라마 《꽃보다 남자》에서 곱슬머리에 훤칠한 기럭지, 금방이라도 베일 듯한 콧날, 쳐다봐주는 것만으로도 황송한 눈빛을 날리던 바로 그 남자주인공? 미얀마에서 한국드라마의 인기가 대단하다는 건 사전 정보를 통해서도 익히 들어 알고 있었지만, 직접 눈으로 확인하게 되니 신기하지 아니할 수 없었다. 그건 그렇고 지금 내 가방에 구준표 사진이 뭉텅이로 들어 있다는 건 아무도 모르

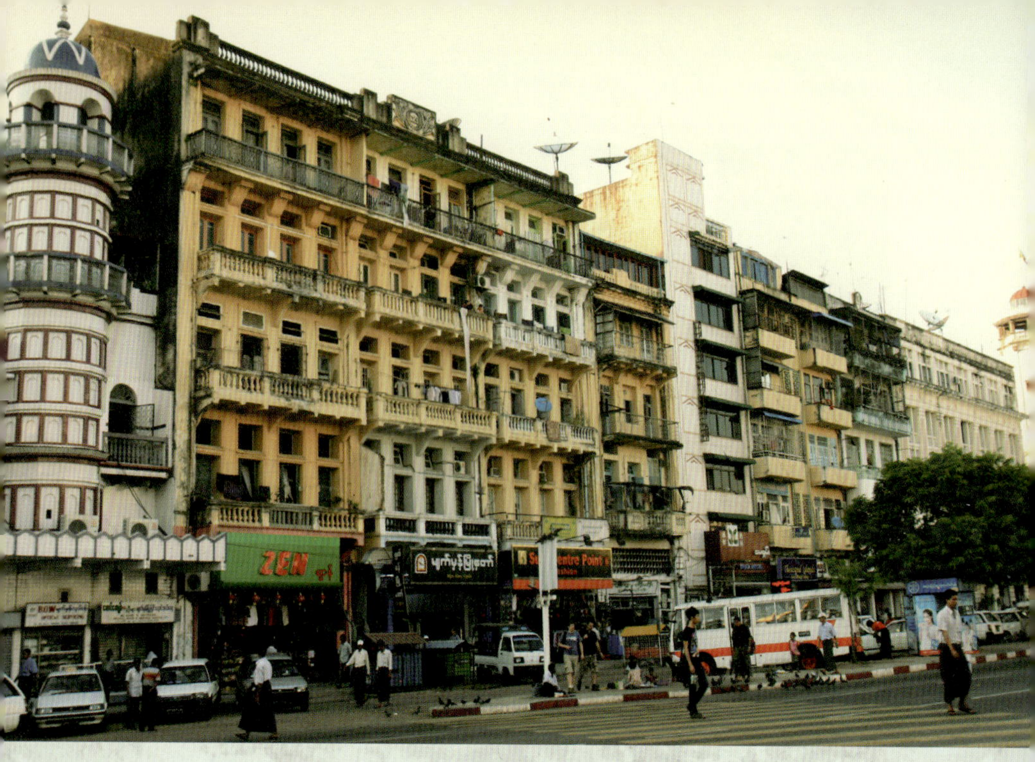
ZEN

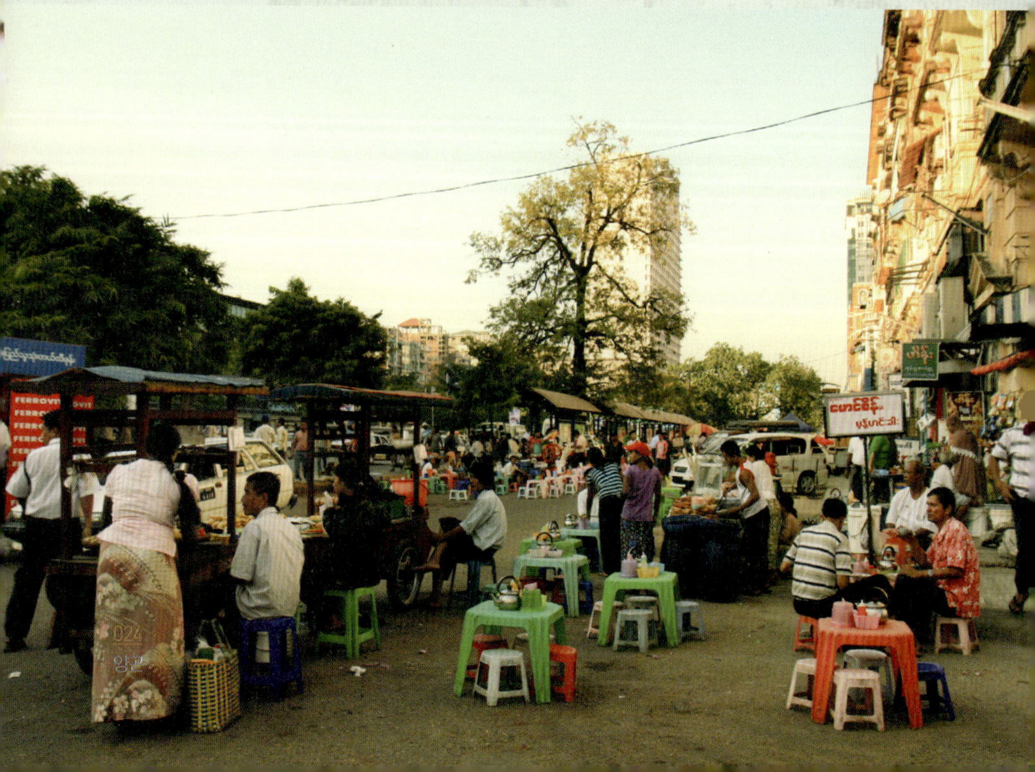

겠지?

여행을 준비하며 현지인들이 어떤 선물을 받으면 좋아할까 한참 고민했었다. 마침 한국 연예인이 미얀마에서 인기를 끌고 있다고 하길래 나는 또 센스 있게 이들 사진을 준비해온 것이다. 특히 《꽃보다 남자》의 주인공인 구준표(이민호)와 《가을동화》의 은서(송혜교)를 좋아하는 사람들이 많다고 해서 그 둘 사진을 여러 장 인화해왔다.

구준표를 좋아한다는 말을 듣자 나는 준비해온 사진이 생각났다. 하지만 처음부터 무턱대고 나누어준다면 여행 절반도 못 가서 동날 것 같아 아직은 꺼내지 않기로 했다.

그와 가볍게 인사를 하고 파고다 안으로 걸음을 옮겼다. 세상에 어찌나 작은지 한 바퀴 도는데 1분도 채 안 걸린다. 허허허. 이렇게 작은데 2달러씩이나 받다니. 황당해서 멍하니 서 있는데 한 남자가 내게 다가왔다.

"한국 사람이세요?"

그렇다고 했더니 역시나 '안녕하세요' 하며 한국어로 인사를 덧붙인다.

이 사람은 심리학 전공을 하는 '투'. 한 달간 방학이라 매일 이곳에 온다고 했다. 전공 외에 태국어와 영어를 따로 공부하고 있다고 하는 걸 보면 아마 외국어 연습 겸 이곳에 오는 것 같았다. 갑자기 투가 '쩨주 띤 바데'가 한국어로 뭐냐고 묻는다. '감사합니다'라고 가르쳐줬더니 수첩을 꺼내 발음을 따라 적는다. 그것을 보곤 수첩에 한글로도 써주었다.

투와 둘이서 술레 파고다를 하염없이 뱅뱅 돌고 있는데, 아까 그 구준표를 좋아한다던 매표소 청년이 우리에게 다가왔다. 또다시 구준표 얘기를 시작하며 말이

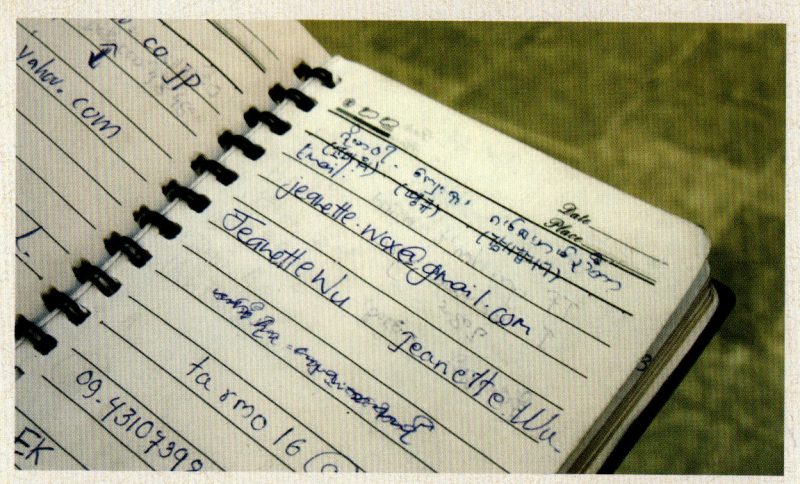

다. 하하하.

"구준표 너무 잘생겼어요. 구준표 멋져!"

"하하하. 또 아는 한국 배우 누구 있어요?"

"금잔디(구준표 여자친구)!"

어디선가 미얀마에서 구준표와 금잔디인 척하면서 장난을 걸면 재밌다는 이야기를 들었는데, 이참에 한번 써먹어 보기로 했다.

"엇? 내가 바로 금잔디인데!"

라고 농담을 했더니 둘이 박장대소한다.

"(매표소 청년을 가리키며) 그럼 너는 구준표, 나는 금잔디. (투를 가리키며) 넌 누구야?"

"음, 나는……."

술레 파고다 안에서

"너는……?"

"김정일!"

"엥? 김정일?"

"하하하!"

가만가만, 그런데 파고다 안에서 이렇게 큰 소리로 웃어도 되는 걸까? 바로 앞에서는 사람들이 기도하고 있는데…….

이들과 연락처를 교환하는데 투의 수첩에는 외국인들의 이메일 주소가 가득가득했다. 아마 나와 같은 외국인 친구를 사귀는 게 목적인 듯했다. 짧은 시간이었지만 즐거웠던 대화를 마친 뒤 파고다 밖으로 나섰다. 신발을 다시 신으려고 발바닥을 봤더니 뽀얗던 발바닥이 어느새 까만 연탄으로 바뀌어 있었다. 누가 보면 혼자서 바닥 청소를 쓱싹쓱싹 다 하고 다닌 줄 알 정도로. 그러나 더러워진 발을 닦을 만한 것도 마땅치 않아 그냥 대충 양말로 발을 털고 다시 신었다.

또 가 볼만한 데가 있을까 둘러보는데 눈앞에 큰 슈퍼마켓이 보였다. 아직 비행기 멀미가 가시지 않아 속은 계속 울렁거리고 입맛도 없는데다 더위로 땀까지 뻘뻘 흘리고 있으니 시원한 물 생각이 간절했다. 슈퍼마켓 앞에 세 명의 소녀들이 보였다. 물을 하나 사서 벌컥벌컥 들이키곤 이제 좀 살겠다 싶어 말을 붙였다.

"밍글라바."

"밍글라바."

"(한국어로) 안녕하세요."

"어? (한국어로) 안녕하세요."

소녀들에게 한국어로 인사를 건넸더니 매우 반가워했다. 이들의 얼굴에 어느새 수줍은 미소가 엷게 번지기 시작했다. 소녀들과 대화를 더 나누고 싶었지만 안타깝게도 소녀들은 영어를 거의 할 줄 몰랐다. 으윽, 이럴 줄 알았다면 미얀마어를 좀 더 많이 알아 올 걸.

소녀들에게 사진을 찍어주겠다고 한 뒤 '원 투 쓰리'를 외치려고 하는데, 영어로 하는 것보다 미얀마어로 하는 게 낫겠다는 생각이 들었다. 그런데 미얀마어로 외워두었던 숫자가 갑자기 생각이 나질 않았다.

"있잖아, '원 투 쓰리'가 미얀

"이 버스 번호는 몇 번일까요?"
(미얀마는 아라비아 숫자를 쓰지 않고 고유 숫자를 쓴다. 정답은 235번!)

"마어로 뭐야?"

"띳, 흐닛, 또우."

"알았어. 준비! 띳, 흐닛, 또우!"

셔터를 누르자 그렇게나 잘 웃던 소녀들의 얼굴이 순간 근엄하게(!) 바뀌어버린다. 헉, 너희들 갑자기 왜 부처님 표정으로 돌변하는 거니. 소녀들의 심각한 표정보다 밝은 표정을 담고 싶어 '스마일~' 하고 외쳤더니 이제야 웃는다.

"열흘 뒤에 양곤에 다시 오는데 그때 또 들를게!"

그나저나 비행기 멀미 때문에 머리가 깨질 지경이다. 양곤에 오후 2시가 좀 넘어서 도착했는데 지금까지 먹은 거라곤 러펫예 한 잔과 물밖에 없다. 그런데도 배

가 고프기는커녕 속이 뒤집어질 것 같고, 머리는 그냥 포맷시켜버리고 싶을 정도로 두통이 심했다. 몸 상태도 이런데 차라리 그만 돌아다니고 일찍 버스터미널로 가는 게 나을 듯싶었다. 다시 짐을 맡겨둔 러펫예 가게로 갔더니 모두들 엄청나게 반가워한다. 아니, 나는 그냥 이곳에서 차 한 잔 마신 것뿐인데. 게다가 짐까지 맡겨두는 민폐를 끼쳤건만……. 이러다가 이거 첫날부터 미얀마 사람들에게 푹 빠져버릴 것 같다.

아웅 밍글라 버스터미널로 가기 위해 버스정류장에서 두리번거리다 한 버스에 올라탔다. 옛날 다방에서나 볼 법한 벨벳 소재의 의자, 수시로 분리되어 계속 고정해야 하는 등받이와 방석, 녹이 슬 대로 슬어 칠이 반 이상 벗겨져 나간 버스 문짝,

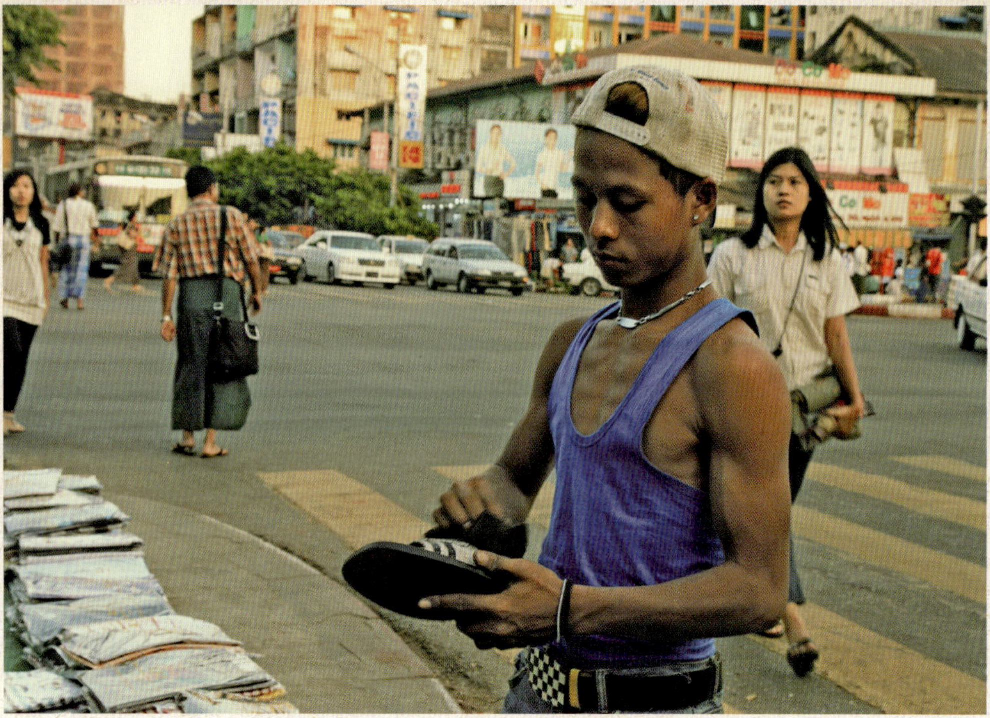

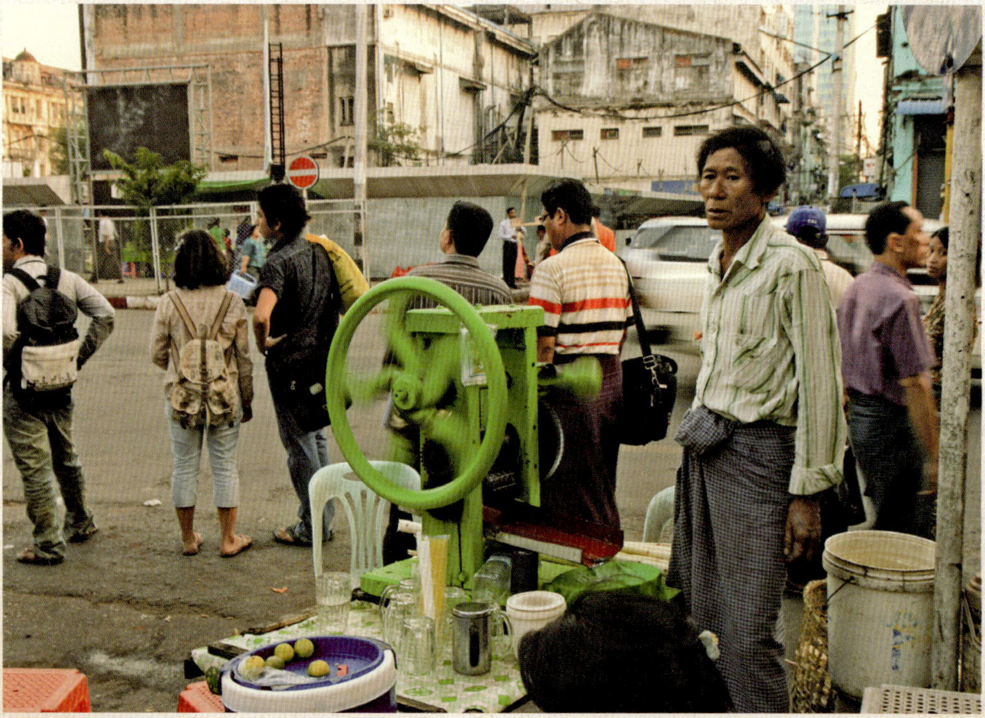

슈퍼마켓에 진열되어 있던 한국 먹거리 제품들. 한류 열풍이 음식으로까지 확대된 듯했다.

'부와아앙' 하고 고막이 터질 듯이 울려대는 엔진 소음. 여기를 보나 저기를 보나 버스 상태는 '꽝'이었다. 폐차시켜도 모자를 판인데 이렇게 굴러다니고 있다니. 내 눈에는 그저 모든 것이 신기할 따름이었다.

양곤의 밤거리를 신나게 달리는 버스의 안락함(!)을 온몸으로 느끼며 등받이에 등을 바짝 대었다. 덜커덩덜커덩 리듬을 타던 버스가 어느새 터미널에 도착해 있었다.

만달레이 Mandalay

키스해도
될까요?

이름이 뭐예요?

영국 가수 Robbie Williams가 부른 〈The road to Mandalay〉라는 노래가 있다. '만달레이'라는 지명을 처음 들었을 때, 어디선가 들어본 듯하다 싶었는데 알고 보니 이 노래 제목에 쓰이고 있었던 것.

아무튼 낯설지 않은 이름 '만달레이'. 늦은 밤 그곳으로 향하는 야간버스에 몸을 실었다. 옆자리에 같이 앉게 된 여자와 '밍글라바' 하고 반갑게 인사를 나누었다. 하지만 더 이상의 교류는 없었다. 그녀에게 말을 붙이고 계속 얘기를 나누고 싶었지만, 비행기 멀미로 속이 울렁울렁 대고 머리는 깨질 듯이 아픈 상태. 어쩔 수 없이 조용히 눈을 감고 입까지 다물었다.

버스는 두 시간 반 정도를 달려 어느 휴게소에 정차했다. 볼일을 보고 레스토랑에 들어섰는데 누군가 나를 보며 환하게 웃는다. 엇, 옆자리에 앉은 여자네?

"같이 앉아도 돼요?"

"그럼요."

이렇게 해서 그녀와 만난 지 두 시간 반 만에 처음으로 말을 걸었다. 나는 가방에서 미얀마어가 적힌 종이 한 장을 꺼내 어설픈 발음으로 더듬더듬 읽기 시작했다.

"나매가 바래(이름이 뭐예요)?"

"네? 뭐라고요?"

"나매, 나매! your name!"

"아, 나매? (미얀마어는 성조가 있어서 억양을 잘못 넣었다가는 상대방이 못 알아듣는다.) 제 이름은 이잇클라이예요."

"전 킴이에요. 만나서 반가워요."

이잇클라이는 중학교에서 영어를 가르치는 선생님인데 만달레이에 일이 있어서 간다고 했다.

"버스에서 이잇클라이에게 말을 걸고 싶었는데, 못 그랬어요."

"왜요?"

"하루 종일 속도 안 좋고 머리도 아파서요."

"지금은 어때요?"

"조금 나아졌긴 한데 그래도 여전히 별로예요. 오늘 미얀마에 와서 겨우 러펫예만 마셨어요."

이잇클라이가 달걀토스트와 차를 먹는 동안, 난 또 아무것도 먹지 못했다. 그녀가 식사를 마치자 우리는 다시 버스에 오르기 위해 일어났다.

"아까 'What's your name?'이 미얀마어로 뭐라고 한다고 했죠?"

" '나매 밸로 콜레' 하면 돼요."

"오호, 나매 밸로 콜레?"

"굿! 하나 더 가르쳐줄까요?"

"뭔데요?"

"사비뻴라."

"사비뻴라? 무슨 뜻이에요?"

"식사했냐는 뜻이에요."

"좋아요, 좋아."

잘 기억하고 있어야지. '니매 밸로 콜레' '사비뻴리'.

이때는 전혀 몰랐다. 그녀에게 배운 이 두 문장이 앞으로 미얀마 여행에서 로컬들과 어울리는 데 그렇게 풍족한 즐거움을 가져다줄 줄은!

누나라고 부를게요

눈을 떠보니 새벽 5시. 깜깜했던 버스 내부에 불이 하나둘 켜지더니 사람들이 깨어나 짐을 챙기기 시작했다. 만달레이에 도착한 것이다. 주위는 온통 칠흑처럼 어두웠다. 버스 계단에서 땅으로 발을 내딛는데 몸이 휘청거린다. 공항 노숙 뒤 바로 이어진 야간버스 강행군이라 정신이 오락가락하는 모양. 생각보다 밖이 꽤 쌀쌀해서 담요를 한 번 더 칭칭 감아야 했다. 짐칸에 넣어 둔 배낭을 찾으러 가야 하는데 호객꾼들이 눈 깜짝할 사이에 몰려들더니 이내 주위를 감싸버린다. 이잇클라이와 제대로 작별인사도 하고, 사진도 같이 찍고 싶었는데……. 벌 떼같이 몰려든 호객꾼들 때문에 결국 그녀와 인사도 하지 못했다.

"택시? 택시?"

"잠깐만요. 짐부터 찾구요."

　시내까지 저렴한 픽업트럭을 타고 이동할 생각이었으나, 이 새벽부터 배낭 메고 낑낑댈 내가 안쓰러워 좀 더 편하게 가는 방법을 택하기로 했다. 한 오토바이 운전사가 버스에서 내릴 때부터 집요하게 달라붙더니 계속 내 곁을 맴돈다.

　"3,000짯에 모셔다 드려요."

　"너무 비싸요."

　"뭐가 비싸요? 하나도 안 비싸요."

　"그럼 안녕히……."

　내가 무심하게 다른 곳으로 이동하려 하자 다시 또 따라와 붙잡는다.

　"2,500짯에 합시다."

　"노!"

이럴 때는 탈까 말까 망설이는 태도를 보이지 말고 짐 싸 들고 미련 없이 그 자리를 떠야 한다. 이렇게 강경한 태도를 보이면 십중팔구 상대방은 다시 붙잡게 되고, 원하는 가격에 흥정할 수 있다. 아무튼 그렇게 해서 한 오토바이에 올랐다. 차가운 새벽 공기와 바람은 긴소매, 긴 바지, 담요로 무장한 나를 비웃기라도 하는 듯 용케도 빈틈을 찾아내어 매섭게 파고든다.

"밍글라바."

"밍글라바."

"(한국어로) 안녕하세요."

"오호, (한국어로) 안녕하세요."

"쩜마 코리아 루묘바(저는 한국 사람이에요)."

음, 어제 버스에서 이잇클라이가 가르쳐준 미얀마어를 한번 써봐야겠다.

"나매 밸로 콜레(이름이 뭐예요)?"

"'표'예요."

서투른 내 발음에 친근함을 느꼈는지 표는 환한 웃음을 보였다. 그리고 자기 이름이 한국드라마 《꽃보다 남자》의 주인공 구준표의 '표'와 똑같다며 내게 자랑 아닌 자랑을 했다. 외모까지 구준표와 똑같았다면 지금 그를 어설프게 감싸 안고 있는 손과 팔을 쭈욱 펴서 와락 껴안았을 텐데!

"그런데 킴, 몇 살이에요?"

"쉿, 비밀이에요. 표는 몇 살?"

"저는 스물셋이요."

스물셋? 나보다 한참 어리구나. 표는 내가 무려 '열여덟' 혹은 '열아홉' 살로 보

인다고 했지만, 나는 끝까지 내 나이를 말하지 않았다. 그도 눈치를 챘는지 뒤이어 하는 말,

"킴, 나보다 나이가 많은 것 같으니 '누나'라고 부를게요."

오토바이 운전사 '표'

이 자식이 이거, 왜 자기 마음대로 누나라고 하는 거야? 내가 정말 열여덟 살이면 어떡하려고! 뭐 사실, 내가 누나가 맞긴 맞지. 어쨌거나 반박할 수도 없고 그저 먼 산을 바라보며 침묵을 지킬 뿐.

이윽고 호텔에 도착. 표와 내일 다시 만나기로 약속하고 헤어진 뒤 체크인을 하려는데, 12시부터 된다고 해서 절망에 빠졌다. 후아, 아직 7시도 안 됐는데……. 대체 다섯 시간 동안 어디서 뭘 하며 시간을 때워야 하나?

일단 몸을 눕히는 것보다는 씻고 싶다는 생각이 너무나 간절하게 들었다. 특히 '머리'를 말이다. 거의 이틀 동안 감지 못하고 돌아다녔더니 머리카락이 완전히 떡이 된 상태였다.

"샤워를 못한다면, 화장실에서 머리라도 감을 수 있나요?"

직원은 한참을 망설이다가 오케이 해주었다. 그렇게 해서 샤워 도구를 챙겨 룰루랄라 화장실로 달려갔는데, 이런. 내 눈앞에 덩그러니 놓여 있는 건 쪼그려 앉아 일을 보는 옛날식 변기와 물 내릴 때 사용하는 대야뿐. 변기 앞에 쭈그리고 앉아 머리 감을 준비를 하니 어디서 향기로운 냄새가 솔솔 올라온다. 최대한 숨을 참았다가 벌겋게 달아오른 얼굴로 '퐈—아' 하고 내쉬길 여러 번. 제발 어서 코가 마비되

기를 바라고 또 바랐다. 그렇게 암모니아 냄새가 온몸에 배는 듯한 찜찜함 속에서 세수를 하고 머리를 감았다. 더럽다는 생각보다는 씻으니 이제야 좀 살겠다는 생각이 먼저 들었다.

    그렇게 즐거운 마음으로 다 씻고 나왔는데, 이런 젠장! 방금 두 명이 체크아웃을 했다며 지금 당장 방에 가서 쉴 수 있단다. 하아, 지금까지 화장실에서 쇼한 건 뭐였지?

여자의 마음은 갈대라더니

만달레이를 구경할 때는 보통, 만달레이 지역보다는 주변의 '사가잉' '아마라푸라' '잉와' 그리고 '밍군' 등의 지역을 묶어서 투어를 하는 게 일반적이다. 이 투어는 따로 상품으로 개발되어 있는 것이 아니라 택시나 오토바이를 하루나 반나절 동안 빌려 타고 돌아보는 것을 말한다.

투어는 자신이 가고 싶은 곳을 정해 운전사와 상의를 하는 형식이고, 구경하는 시간도 충분히 조정할 수 있다. 이곳은 도로 상태가 좋지 않을 뿐 아니라 대중교통만으로 돌아다니기에는 시간이 많이 소요되기 때문에 여행객 중 열에 아홉은 투어를 한다고 보면 된다. 그러나 이런 장점들에도 나는 투어를 신청해 돌아다니는 것을 별로 좋아하지 않아 관심이 없었다. '투어'보다는 느리고 불편할지 몰라도 로컬들이 이용하는 '픽업트럭'을 고집하는 게 내 여행 스타일이니까. 나는 '사람들'을 만나러 왔지 유적지를 '관광'하러 온 것이 아니니 말이다.

그런데, 그런데! 아까 만난 표의 꼬드김에 넘어가 맘에도 없던 투어를 내일 같이 하기로 해버렸다! 표의 미소, 친절함, 다정다감함에 끌린 나는 이런 사람이라면 같이 다니는 것도 괜찮겠다는 생각이 들었다. 그러자 순식간에 마음이 확 바뀌어버린 것이다. 여자의 마음은 갈대라더니. 바람이 분다~ 바

씹는 담배 '꽁' 혹은 '꽁야'의 재료인 '꽁 잎'

람이 불어~ 에헤라디여~.

그건 그렇고, 일단 오늘은 로컬들이 이용하는 '픽업트럭'을 타고 이동하기로 했다. 준비를 하고 밖으로 나오는데 급속도로 허기가 졌다. 생각해보니 어제 온종일 차 한 잔 빼고는 거의 먹지를 못했던 것. 이제는 속에서 밥 달라고 아우성이다. 그러나 여전히 입맛은 없는 상태. 이럴 땐 달달한 간식으로 허의 본능을 살아나게 하는 게 제격이지. 그럼 아이스크림을 먹어볼까? 해서 가게를 찾아 한참 헤매고 있는데, 어떤 오토바이가 내 앞에서 떡하니 멈춰 선다. 그러더니 운전사가 나를 보곤 환하게 씨-익 웃는다. 응? 누구지?

"표!"

"킴, 어디 가요?"

"아이스크림 가게를 찾는데 어디에 있는지 모르겠어요."

"뒤에 타요. 데려다 줄게요."

표는 공항에 어떤 손님을 픽업하러 가는 길이라고 했다. 여기서 또 표를 만나게 될 줄은 상상도 못했는데, 나를 도와주기 위해 가던 길도 멈추고 이렇게 친절을 베풀다니! 그렇게 아이스크림 가게 앞에 도착했건만 가게 문은 굳게 닫혀 있었다.

"표, 그럼 혹시 모힝가 잘하는 곳 알아요? 로컬들이 가는 싼 레스토랑이요."

"알아요. 거기 데려다 줄게요."

'모힝가'는 메기로 국물을 우려내고 튀김과 달걀, 채소 등을 넣은 미얀마 전통 국수 요리. 표와 헤어지고 모힝가 한 그릇을 주문했다. 어디선가 추어탕 비슷한 맛이라고 하기에 기대를 머금고 한 입 뜨는데, 이, 이건 뭐지? 마, 맛이 왜 이래?

방금까지 먹이를 찾아 산기슭을 어슬렁거리는 하이에나와 같은 내 모습은 온데

간데없었다. 괴로웠다. 입맛에 맞지 않더라도 어느 정도였다면 꾹 참고 먹을 수 있을텐데 그 수준을 넘어선 맛이었다. 이유는 '고수'라는 향신료가 들어 있었기 때문. 한국에서도 고수 때문에 베트남 음식점에 가면 쌀국수를 못 먹는데, 모힝가 네게도 들어 있을 줄이야. 결국, 4분의 1도 먹지 못하고 수저를 놔야 했다. 하, 모힝가…… 쎄굿바이.

모힝가

일단 덥석 타고 보는 거야

시간을 보아하니 지금 '무에 파고다(뱀 사원)'에 다녀오는 것이 낫겠다는 판단이 들어 바삐 움직였다(오전 10시부터 11시 사이에 무에 파고다에 가면 뱀 목욕시키는 모습을 볼 수 있다). 먼저 픽업트럭이 서는 정류장을 찾기 위해 쩨조 마켓으로 향했다. 그런데 사람들이 가르쳐준 길을 찾아가도 계속 같은 자리만 빙빙 돌 뿐이었다. 여기로 가라고 해서 가면 저기로 가라고 하고, 저기로 가면 또 다른 곳으로 가라고 하고. 아침부터 똥개가 되어 제대로 훈련당하고 있는 듯한 이 기분은 뭐지? 정류장을 찾는 것이 이렇게 고역일 줄이야! 이러다가 뱀 꼬리도 못 보는 거 아냐?

그렇게 한참을 돌아다니는데 갑자기 뒤에서 어떤 차가 빵빵거린다. 돌아보니 방금까지 내게 길을 알려주던 청년들이 나를 향해 웃고 있었다.

"무에 파고다 가는 버스정류장까지 태워줄 테니 타요!"

"와우, 쩨주 배(고마워)!"

"어디서 왔어요?"

"코리야!"

"코리야? (한국어로) 안녕하세요?"

앞서 말했듯이 역시나 한국에서 왔다고 하니 '안녕하세요'가 자동으로 나온다. 벌써 한두 번 보는 것도 아닌데 어찌나 신기한지. 게다가 이 어눌하고도 어설픈 발음을 듣고 있노라면 나까지 괜히 기분이 좋아진다.

"이거 타고 한 시간 정도 간 뒤, 무에 파고다로 가는 다른 버스를 타면 돼요."

"뱀 목욕시키는 시간이 10시부터 11시 사이라고 하는데, 늦지 않아요?"

"안 늦어요. 11시 이후에도 볼 수 있거든요."

"오, 그래요?"

"그런데 당신 혹시 코리야 보스?"

"잉?"

"부자예요? 코리야 보스?"

"으허허, 전 가난뱅이랍니다."

"뭘 그리 자꾸 찍어 쌌노?"

DSLR 카메라를 들고 있어서 그런지 사람들은 내가 굉장히 부자인 줄 알았나 보다. 트럭을 타고 가며 사람들 사진을 찍고, 찍은 사진을 돌려 보며 같이 웃고, 말은 제대로 통하지 않아도 '웃음' 하나면 뭐든지 오케이다. 덜 거덩거리는 픽업트럭 안에서는 누가

1~2 무에 파고다 가는 픽업트럭 정류장까지 공짜로 태워다 준 청년들 3 픽업트럭에서 만난 아저씨
4 오토바이로 무에 파고다까지 태워다 주신 아저씨. 시종일관 무표정이었던 아저씨가 보여주신 가장 '환한' 미소

시키지 않아도 몸이 저절로 춤을 추게 된다. 적절한 음악까지 함께 한다면 바퀴로 굴러다니는 한낮의 클럽인 셈이다. 딱딱한 나무 의자에 앉아 얼마나 엉덩이를 부벼댔는지 엉치뼈가 시리고 얼얼했다.

"저기 트럭 보이죠? 저기에 옮겨 타세요. 저 사람들에게 300짯(약 430원)을 내면 돼요."

"지금 타고 온 건 얼마예요?"

"우리 차요? 오우, 노! 돈 안 받아요!"

"오 마이 갓, 쩨주 띤 바데!"

10~20분 탄 것도 아니고 무려 1시간 넘게 탔는데 공짜로 태워주다니. 아침에는 표를 만나서 도움을 받았는데 이 청년들에게 또 도움을 받게 될 줄이야.

다른 픽업트럭으로 갈아타고 입구에 내렸더니 이번에는 오토바이가 내 앞에 멈춰 선다.

"무에 삐야(무에 파고다)?"

"네!"

그러더니 타라고 손짓한다. 나는 또 좋다고 덥석 탔다. 하하하. 낯선 여행지에서는 사람을 가장 먼저 경계해야 하는데, 이상하게도 미얀마에서는 첫날부터 경계를 풀게 된다. 그것도 무의식적으로. 아무렇지 않다는 듯이, 저절로 말이다. 사람들과 마주하고 있으면 왠지 모르게 마음의 벽이 스르르 무너져 내리는 느낌이랄까.

사원 앞에 도착해보니 오토바이를 타고 오길 정말 잘했다는 생각이 들 정도로 거리가 꽤 멀었다. 아저씨는 오토바이를 운전하면서 돈을 버시는데, 이곳까지 나를 공짜로 태워다 준 것이었다. 감사합니다, 쩨주 띤 바데!

뱀을 모시는 사원이기에 매일 아침마다 이렇게 목욕을 시킨다.

"잘 생기셨네요."

11시가 넘어서 도착했음에도 다행히 뱀 목욕은 아직 계속되고 있었다. 많은 사람들이 뱀 주변을 에워싸고 있어서 틈을 비집고 잽싸게 파고들어 갔다. 그런데 아니, 저건 당최 뱀이야 구렁이야? 커다란 뱀이 혀를 날름거리며 사람들을 쏘아보고 있는 것이 아닌가. 보기만 해도 속이 울렁울렁 꿀렁꿀렁 대는데, 뱀 한 번 만져보겠다고 사람들이 길게 줄지어 서 있었다. 목에 걸쳤다가 뱀이 내 몸을 칭칭 감아 압사시키기라도 한다면…… 으으윽. 이런저런 생각을 하다 정신을 차리고 보니 어느새 내 손에도 뱀이 들려 있었다! 정신을 차린 건지 놓은 건지는 모르겠지만, 갑자기 용기가 생겨 한번 만져보고 싶다는 생각이 번뜩 들었던 것이다. 자, 이…… 이리 온. 덜덜덜.

태어나 처음으로 만져본 뱀은 생각보다 육질(?)이 단단했다. 뱀의 비늘을 손바닥으로 한 번 쓱 훑는데 공기에 장시간 노출되어서인지 약간 말라 있었다.

이곳에서 편안한 마음으로 뱀을 껴안은 사람은 소원을 성취하게 된다고 하기에 두 손에 뱀을 받아든 뒤 껴안으며 '편안하려고' 애를 썼다. 그러나 내 정신줄은 이미 반쯤 끊어져 있는 상태. 혓바닥을 재빠르게 날름거리며 이리저리 눈빛을 쏘아대는 뱀의 모습에 오금이 저려온다. 안 돼, 안 돼. 편안해야 해. 나는 편안하다. 편안하다. 편안할 수 있다! 제발 좀 편안해져 보자!

이만 자리를 떠야겠다는 생각으로 사원 밖을 나섰는데 오토바이로 태워다 준 아저씨가 계속 따라왔다.

"저 이제 가볼게요."

"잠깐, 태워다 줄게요."

아저씨는 다시 픽업트럭 타는 곳 앞까지 태워다 주셨고, 자신의 전화번호라고 하며 뭔가를 적어주었다. 영어도 통하지 않고 그렇다고 내가 미얀마어를 할 수 있는 것도 아닌데 전화번호까지. 친절한 아저씨에게 고맙다는 인사를 전하고 다시 발걸음을 옮겼다.

일부러 그런 건 아니었어

만달레이로 돌아오는 픽업트럭에 몸을 실었다. 여기서 또 새로운 인연을 만나게 될 줄이야! 옆자리에 앉아 있는 소녀가 나를 보더니 말을 건넨다.

"코리아?"

"네. (한국어로) 안녕하세요."

"(한국어로) 안녕하세요. 까르르~!."

소녀는 뭐가 그리도 좋은지 옆의 친구를 보고 까르르 웃으며 '안녕하세요' '코리야' 어쩌고저쩌고한다. 고마운 마음에 아는 미얀마어 몇 가지를 속사포 래퍼처럼 쏟아놓자 소녀들의 눈이 휘둥그레진다.

"킴, 몇 살이에요?" (아, 내 나이 나도 싫다. 애들아…….)

"맞혀봐. 몇 살일 것 같아?"

"음…, 열여덟 살?"

"(흠칫) 땡!"

"열아홉 살?"

"헉, 땡!"

만달레이로 가는 픽업트럭에서 만난
'수진래'와 '웨이웨이아'.
구준표 사진과 함께 찰칵.

"스무 살?"

"헉……. 나 스물한 살이야." (미안, 사실 내 나이 계란 한 판이라는…….)

이런, 그만 거짓말을 하고 말았다. 허허허. 해맑게 웃는 소녀들에게 솔직한 내 나이를 말하기가 왜 이렇게 힘든 건지. 어제 술레 파고다에서 만난 '투'에게 실제 내 나이를 얘기하자 순간 실망하는 듯한 표정이 느껴져 이번엔 나도 모르게 속이고 말았다.

소녀들의 이름은 수진래, 웨이웨이아. 게다가 꽃다운 스무 살, 스물한 살이었다. '소녀들'이라고 부르기에는 조금 민망한 나이일지 모르지만 어쨌든 내 눈엔 계속 소녀들로 보였다. 내 앞에 앉아 있던 아주머니는 땅콩을 두 손 가득히 넘치도록 주었다. 그것도 모자라 또 일일이 까서 다시 건네준다. 진짜 미얀마 사람들에게 완전 반할 것 같다. 왜들 이렇게 다정다감한지!

"수진래, 구준표 좋아해?"

손수 땅콩을 까주었던 아주머니.

"잠깐, 나 눈 감았어."

"좋아해요."

"웨이웨이아도 좋아해?"

"네, 저도 좋아해요."

나는 가방에서 빳빳한 구준표 사진을 꺼내 선물로 주었다. 그리고 땅콩 아주머니에게도 건넸다. 이들이 내게 보인 관심이 고맙기도 했고, 짧은 인연일지라도 기억해주길 바라는 마음에서였다. 갑자기 웨이웨이아가 내게 '한국어'로 말을 건넨다.

"마하무니 파고다 갈래요?"

사실 오늘 무에 파고다를 다녀오고 나서 남은 일정을 어떻게 보낼지 별생각이 없었는데, 한국어로 "마하무니 파고다 갈래요?"라고 또렷하게 묻는데 누군들 가고 싶어지지 않겠는가! 나는 가고 싶어 안달이 난 사람처럼 "좋아!"라고 답했다.

'마하무니 파고다'는 만달레이에서 가장 큰 규모를 자랑하는 파고다로, 미얀마 사람들이 가장 신성시하는 3대 파고다 중 하나라고 한다. 소녀들을 따라 그곳으로 갔다. 입구에 들어서서 신발을 벗고 맨발로 바닥을 디디기 시작했다. 통로에는 기념품 가게들이 즐비하게 들어서 있었는데 그 모습이 어찌나 낯설던지. 관광지가 되어버린 유적지 앞에는 항상 이런 가게들이 있다는 것을 알면서도 왜 이렇게 이질감이 느껴지는지 모르겠다.

파고다 중앙으로 들어서니 너덧 명이 불상을 에워싸며 금박을 붙이는 모습이 눈에 띄었다. 이것은 아픈 부위에 해당하는 곳에 금박을 붙이면 그 부위가 낫는다는 믿음 때문이라고 한다. 눈이 아프면 눈에 붙이고, 손이 아프면 손에 붙이고, 늑골이 아프면 늑골에 붙이고 십이지장이 아프면 십이지장에 붙이고. 으응? 그런데 가만 보니 금박을 붙이는 사람들은 전부 남자들뿐이다.

"킴, 여긴 남자들만 갈 수 있어요. 여자들은 못 가요."

"여자는 출입 금지야?"

"네."

모든 파고다에서 여자가 불상에 금박을 붙이는 걸 금하는 것은 아니지만, 특히 이곳에서는 여성이나 비구니의 가사(승려복)가 불상에 닿으면 불심이 떨어지므로 출입을 엄격히 금하고 있다고 한다. 하아, 대체 여자가 무슨 죄야!

미얀마 사람들은 자신이 태어난 요일을 중요시하고, 또 해당하는 요일의 수호신에게 소원을 빌며 물을 붓는 의식을 행한다. 나도 내가 태어난 날인 화요일의 수호신 앞에 가 섰다.

여성의 출입이 엄격히 금지된 마하무니 불상. 이 불상은 사람들이 부착한 금박의 두께만 15센티미터, 무게가 12톤이 넘는다고 한다.

미얀마 사람들은 자신이 태어난 요일의 불상에 자신의 나이만큼 물을 부으면서 소원을 빈다.

"이거 몇 번 부어야 하는 거야?"

"나이만큼 부어요."

음, 그래 내 나이가 올해로……. 가만가만. 이 친구들한테 스물한 살이라고 거짓말했는데! 아, 이런 어떡하지? 물을 한 번 붓고, 두 번 붓고, 점점 스물한 번을 향해 달려간다. 으아, 멈출까 말까? 이런 소녀들이 뒤에서 보고 있다! 결국, 나는 스물한 번에서 멈출 수밖에 없었다. 뒤에서 초롱초롱한 눈으로 나를 지켜보는 소녀들이 떡하니 버티고 있는데 어떻게 내 나이대로 부을 수 있겠는가. 부처님, 죄송 또 죄송합니다. 한 번만 봐주세요!

그러고서 소녀들에게 절하는 법을 배웠다. 어색하지만 나도 따라 해보았다. 절을 마치고 나가려는데 수진래가 한 기념품 가게 앞에 서더니 목걸이를 가리킨다.

"킴, 이런 거 좋아해요? 선물로 주고 싶어요."

얘들아, 내가 뭘 했다고 이런 큰 선물을 주려는 거니? 나더러 비슷한 나이라고 친구라고 참 좋아하는 애들이었는데, 이 언니를 또 그런 죄책감(?)에 빠지게 하지 말아주렴. 마음만으로도 충분히 고마워. 나는 수진래에게 괜찮다며 그녀의 팔을 잡아끌었다.

대신 소녀들이 밥을 사준다고 하기에 식당으로 따라갔다. 미얀마에서는 손님 접대를 굉장히 중요시하기 때문에 이를 거절했다간 자칫 무례한 행동으로 보일 수 있다. 우리가 간 곳은 미얀마 정식을 파는 로컬 식당이었다. 여러 종류의 고기요리를 비롯해 각종 채소무침과 젓갈, 국 등을 같이 차려 내는 것을 보니 식문화가 우리와 비슷한 듯했다.

반찬 몇 가지를 고르자 작은 접시들이 테이블 위에 놓이고 상이 차려졌다. 큰 접시에 담긴 밥은 우리가 먹는 양의 3배 정도 더 많았다. 이걸 다 먹을 수도 없는 노

"많이 주세요!"

소녀들이 사준 미얀마 정식

릇이고 큰일이네.

"한국에서는 여기보다 밥을 훨씬 적게 먹어."

"알고 있어요. 한국드라마에서 봤거든요. 킴, 이 채소도 같이 먹어봐요."

소녀가 가리킨 채소는 상추였다. 나는 소녀의 말마따나 상추를 하나 집어들고 그 위에 밥을 올린 뒤, 하나 가득 쌈을 싸서 한입에 넣고 우걱우걱 씹어 먹기 시작했다. 그랬더니 소녀들이 낄낄대며 웃는다.

"왜 웃는 거야?"

"이건 그렇게 말고, 이렇게 먹는 거예요."

하면서 수진래는 상추를 집어들고 조각내어 찢더니 그중 하나를 집어 밥과 함께 먹었다. 나는 평소대로 상추쌈을 싸듯이 해서 먹었는데, 소녀들은 이런 내 행동을 보고 웃었던 것이다.

밥을 다 먹고 나자 수진래는 집에 가기 위해 다른 트럭을 타고 갔고, 나는 웨이

웨이아와 같은 트럭에 올라탔다. 시내에 도착해 내리려는데 차비까지 내주는 소녀. 만난 지 고작 3시간밖에 안 됐는데 이런 호의를 받아도 되는 건가? 아, 미얀마! 더 이상 반하게 만들지 말아줄래!

뱅기푼을 모르다니

소녀들과 헤어지고 만달레이 힐로 향하는 계단 위로 올라가니 승려들이 보인다. 이마에 송골송골 맺힌 땀방울을 손등으로 훔치며 승려들에게 인사를 건넸다.
"밍글라바!"
나를 본 승려들은 함박웃음을 지어 보였다. 나는 이들이 안내하는 곳으로 발걸음을 했다. 만달레이 힐은 만달레이 시내에 자리 잡고 있는데, 아주 오래전 부처님이 이곳을 방문했다가 이곳에 대도시가 만들어질 것이라는 예언을 남겼다고 한다. 승려들은 만달레이 힐에 올라 주변 경관을 내려다보면 미얀마의 젖줄인 '에야워디 강'을 볼 수 있으며, 날씨가 좋으면 멀리 사가잉과 밍군까지도 볼 수 있다고 말했다. 만달레이 힐 곳곳에는 번쩍번쩍한 금으로 장식된 불상과 파고다들이 있었다.

"궁금한 게 있는데요, 이거 진짜 금이에요?"

"이거요? 가짜예요. 하하하."

"가짜라고요? 정말이에요?"

"네. 그렇지만 양곤에 있는 쉐다공 파고다는 진짜 금이에요."

"그렇구나. 그럼 술레 파고다는요? 그것도 진짜 금이에요?"

"술레 파고다도 진짜 금이에요."

"잉? 그럼 왜 만달레이만 가짜예요?"

"…… 하하하."

승려들은 그저 웃기만 할 뿐, 대답은 돌아오지 않았다.

만달레이 힐은 멋진 일몰로도 유명해, 해 질 무렵이면 많은 사람들이 몰려든다. 사람이 바글바글한 곳에 자리를 하나 잡고 점점 기울며 자취를 감추는 해를 바라보았다. 이럴 때는 언제나 감상에 젖어들기 마련. 오늘 만났던 인연들을 떠올리며 함께한 시간들을 다시 머릿속으로 그려보았다. 사람들이 어쩜 그렇게 순수하고 잘 웃고 상냥할 수가 있을까. 그들을 생각하며 지은 미소가 얼굴에서 한동안 떠나질 않았다.

승려들은 나를 입구까지 또 바래다주었다. 픽업트럭을 타고 돌아가려 했는데,

안타깝게도 영업시간이 종료되어 더는 다니지 않는다고 했다. 오토바이 운전사들이 내게 호객 행위를 하는데, 승려 '난다'가 도와주겠다며 일단 따라오라고 한다. 이미 날은 어두워지고 깜깜했기에 무작정 그들을 따라나서기로 했다. 길을 가는데 난다가 나더러 느닷없이 '뱅기푼'을 아느냐고 묻는다.

"뱅기푼? 뱅기푼이 누구예요? 모르겠는데…….''

"오 마이 갓! 뱅기푼을 모르다니!"

"누구지? 정말 모르겠어요." (대체 뱅기푼이 누구야? '뱅기'면 '비행기'를 말하는 건가?)

"말도 안 돼. 어떻게 뱅기푼을 모를 수가 있지? 흠, 혹시 UN 알아요?"

"알죠. 어? 그럼 뱅기푼이 혹시? 반기문?"

"네, 맞아요. 뱅기푼!"

하하하. 반기문을 뱅기푼이라고 하니 내가 어찌 알리요. 아마 UN을 말해주지 않았다면 뱅기푼이 누구인지 지금까지 머리를 싸맸을 뻔했다.

"킴, 피곤해 보이네요."

"네. 오늘 새벽 5시에 야간버스 타고 들어와서 지금까지 한숨도 못 잤거든요."

"아, 이런. 제가 다니는 대학교랑 기숙사 구경시켜 주려고 했는데."

평소 같으면 좋다며 졸래졸래 따라갔을 텐데, 슬슬 녹초가 되어가고 있었으므로 아쉽지만 승려들과 이만 작별을 고해야 했다.

"오늘 즐거운 시간 함께해줘서 고마워요. 쩨주 띤 바대!"

그들의 발은 아름다웠다

"밍글라바, 안녕하세요."

다음 날 아침 식사를 하러 테라스로 올라가 호텔에서 일하는 소년들에게 인사를 건넸다. 그랬더니 한 소년이 한국어로 '오빠 사랑해요!'라고 외친다. 설마 나보고 '오빠'라고 하는 소리는 아니겠고. 음, 아니겠지? 아닐 거야……. 맞으면 너희들 죽는…… 음음.

소년들은 자기들끼리 아는 한국어를 하면서 웃느라 정신이 없었다. 곧이어 아침 식사가 나왔고 빵 한 조각을 입에 대려는데 누군가 다가오는 소리가 들렸다. 그는 혼자 있는 나를 보더니 같이 식사해도 괜찮겠냐며 물었다.

"물론이죠."

"어디서 왔어요?"

"한국이요. 그쪽은요?"

"영국에서 왔어요."

그의 이름은 새미. 아버지 어머니가 인도 사람이고, 아주 어렸을 때 영국으로 건너왔다고 한다. 그리고 지금은 말레이시아에서 영어를 가르치고 있다고.

"킴, 미얀마 어때요?"

"사람들이 매우 친절해요. 그리고 언제나 웃음을 잃지 않더라구요."

"그래서 저도 이곳 사람들이 정말 좋아요. 순수한 마음, 따뜻한 가슴을 가졌잖아요."

새미는 미얀마가 좋아서 두 번째 방문하는 거라고 했다. 휴가를 내고 6일간 미얀마에 여행하러 온 새미는 오늘 밤 양곤으로 다시 떠난다고 했다.

"새미, 오늘 일정이 어떻게 되나요?"

"딱히 어딜 가겠다거나 하는 일정은 없구요, 그냥 로컬 사람들하고 이야기하면서 보낼 계획이에요. 킴은요?"

"저는 오토바이 투어를 하기로 어제 약속을 잡았어요. 아마라푸라에 있는 사원에 들렀다가 사가잉에 가고, 다시 아마라푸라에 와서 일몰을 볼 예정이에요."

"멋진데요? 저 혹시 괜찮다면 킴과 투어를 같이할 수 있을까요?"

"오, 좋은 생각이에요! 앗, 그런데 오토바이 뒤에는 한 사람밖에 못 탈 것 같은데 어쩌죠?"

"그렇네요. 택시라면 괜찮을 텐데. 아, 그럼 이건 어때요? 전에 친구와 함께 미얀마에 왔을 때는 각자 오토바이를 한 대씩 빌려서 가이드와 함께 다녔거든요."

"좋은 생각인데요? 그럼 이따 제 가이드(표)에게 물어보도록 해요. 같은 일정으로 다닐 수 있는 오토바이를 하나 더 찾을 수 있냐구요."

"그래요. 아마 호텔 밑에 다른 가이드들이 있을 거예요."

"좋아요. 그럼 나갈 준비하고 9시 30분에 로비에서 봐요."

새미와 얘기를 나누어보니 그의 여행 마인드가 참 마음에 들었다. 새미도 나처럼 그룹 패키지 투어를 좋아하지 않았고, 혼자 여행을 하는 스타일이었으며, 로컬

갑작스럽게 투어를 함께하게 된 새미.
드라이버와 의견 조율 중.

"새미, 그러다 입에 파리 들어간다."

사람들과 어울리는 것을 즐겼다. 그래서 왠지 오늘은 하루 종일 신이 날 것 같아 기분이 들떴다. '밍글라바~ 밍글라바~' 콧노래를 부르며 방에 돌아와 짐을 챙기는데 우쿨렐레가 눈에 띄었다. 오늘은 우쿨렐레 좀 한 번 튕겨볼까?!

호텔 앞에서 나는 표의 오토바이에 올랐고, 새미는 '쏘쏘'라고 하는 사람의 오토바이에 탔다. 드디어 출발! 표를 다시 만난 나는 무척 반가웠다.

"표! 오빠를 미얀마어로 뭐라고 해요?"

" '어쿠'라고 해요."

"오케이. 어쿠, 칫대!"

'어쿠, 칫대'는 '오빠, 사랑해요'라는 뜻. 하하하! 앞서 말했다시피 표는 스물세 살. 나보다 한참 어린데, 처음 만난 날 내가 나이를 밝히지 않았음에도 나더러 '누나'라고 부르겠다고 했었다. 그 상황을 피해가려고 이렇게 머리를 굴린 것이다. 우하하, 오늘 하루만큼은 표에게 오빠라고 실컷 불러야지!

표의 오토바이를 타고 처음 도착한 곳은 아마라푸라의 마하간다욘 사원. 이곳의 탁발 행렬은 미얀마에서 매우 유명해 많은 사람들이 이 광경을 보기 위해 아침부터 몰려든다. 드라이버인 표와 쏘쏘는 밖에서 기다리고, 새미와 같이 둘이서 사원으로 향했다.

"킴, 저기 승려들이 보인다!"

승려들은 탁발을 위해 길게 줄지어 서 있었다. 매일 아침 1,000여 명이 훨씬 넘는 승려들이 공양을 위해 이렇게 서 있다는데, 믿어지지 않을 정도로 질서정연하고 조용한 모습이었다. 줄을 서 있는 이들에게 말을 걸어서도 안 되겠지만, 어딘지 모르게 범접할 수 없는 영역과도 같은 느낌을 받았다.

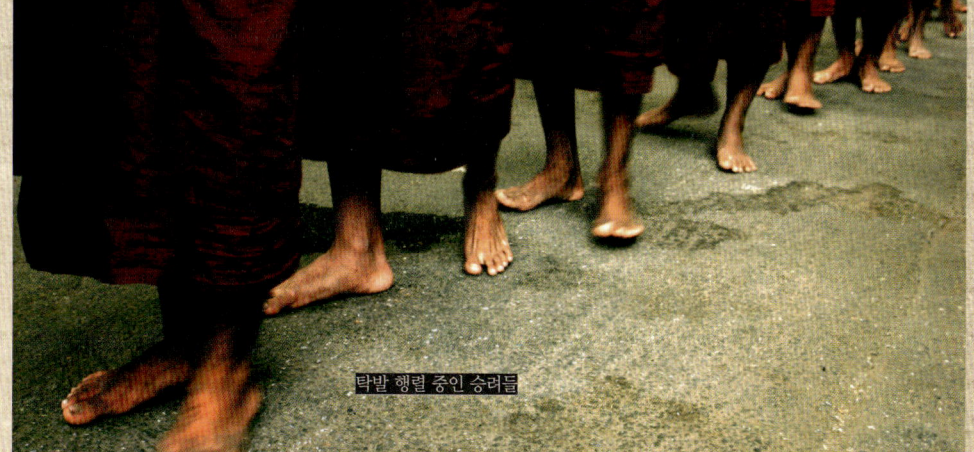
탁발 행렬 중인 승려들

갈색 가사(승려복)를 단정하게 차려입고 숙연한 모습으로 입술을 굳게 다문 승려들. 머리끝에서부터 발끝까지 하나하나 찬찬히 살펴보는데 유독 맨발이 눈에 띈다. 설법을 하기 위해 맨발로 걸었던 부처의 길을 따르기 위함인지 아니면 중생의 고통을 같이 분담하며 수행하기 위함인지는 모르겠지만, 저렇게 다니다가 혹시 가시나 유리 파편에 발을 다치는 것은 아닐까 걱정스러웠다.

사원 안으로 들어가서 승려들이 식사하는 모습을 보았다. 주위 관광객들이 아무렇지 않게 셔터를 눌러대는 것을 보니 기분이 썩 좋지 않았다. 그런데 이런 말을 하는 나 역시 그들과 마찬가지로 셔터를 계속해서 눌러대고 있었으니……. 뭔가 미안한 마음이 들면서 나도 그들과 별반 다를 게 없는 것 같아 부끄러운 마음이 들었다. 그런 상황에서도 승려들은 전혀 아랑곳하지 않고 꿋꿋이 식사를 했다. 이런 상황에 얼마나 적응이 된 것일까. 그들은 정말 아무렇지도 않아 했다.

미얀마를 여행하면서 그동안 크게 잘못 생각해왔다고 느낀 것이 하나 있다. 어딘가 모르게 나와 동떨어진 곳에 있는 사람들 같고, 오래된 영화 스틸 컷에서나 볼 수 있는 풍경 같고, '현실'이 아닌 '옛날 영화'에서 볼 법한 곳으로만 미얀마를 생각했었달까?

그러나 여행하면서 직접 만나게 된 미얀마는 '현실' 그 자체였다. 너무나 생생한 현실이었다. 전혀 동떨어진 곳도 아니었을뿐더러 오히려 익숙한 곳이었다. 결코 동정의 시선 따윈 필요 없었다. 그들은 나와 다른 사람들이 아니었다. 똑같은 사람들이었다. 그러나 그것이 글자 그대로 '똑같은' 사람들이라는 뜻은 아니다. 그들은 순수한 영혼을 가진 사람들이었다. 눈빛은 참으로 맑았고, 입가엔 늘 미소가 걸려 있었으며, 흙먼지로 뒤덮인 발바닥은 아름다웠다.

토끼는 어떻게 울지?

사원 밖으로 나와 오토바이를 타고 '사가잉'으로 이동했다. 사가잉은 만달레이에서 남서쪽으로 약 20킬로미터 정도 떨어진 곳인데, 600여 개쯤 되는 파고다에 많은 승려들이 명상을 하러 온다고 하여 '명상의 도시'로 알려져 있다. 미얀마의 웬만한 도시들은 다 고대 미얀마 왕조의 수도였는데, 사가잉 역시 옛 수도였다. 한 가지 독특한 점이 있다면 미얀마 대부분 지역의 파고다들이 황금색인 것과는 달리 이곳 사가잉 지역의 파고다들은 흰색으로 도배되어 있었다.

어느새 내가 탄 오토바이가 사가잉 힐 앞에 도착했고, 그곳에서 날 기다리고 있던 새미를 만났다.

"헤이, 새미!"

"킴!"

새미와 얘기하며 몇 번 장난도 치고 농담도 주고받다 보니 금세 부쩍 친해진 느낌이었다. (오토바이를 타고 달리다가 옆에 지나가면 서로 '메롱' 하며 장난을 치기도 했다. 이 나이에 그러고 논다.) 다시 표와 쏘쏘를 입구에 남겨두고, 새미와 사가잉 힐에 오르기 시작했다. 옆으로 사람들이 지나갈 때면 나는 항상 '밍글라바, 안녕하세요'를 같이 외치는데, 어느 순간 새미도 같이 사람들에게 '안녕하세요'라고 한국어로 인사하기 시작했다.

"새미, 방금 '안녕하세요'라고 한 거야? 하하하."

"안녕하세요! 안녕!" (새미는 이후에 만나는 사람들에게도 한국어로 '안녕하세요'라고 말하곤 했다. 귀여운 새미!)

정상에 도착하고 보니 에야워디 강에서부터 언덕까지 산발적으로 세워진 하얀색 파고다가 눈에 들어왔다. 확 트인 느낌이 어제 만달레이 힐에서 보던 것과는 또 다른 풍경이었다.

사가잉 힐에 있는 사원을 구경하는데 벽에 걸린 그림에 새미가 관심을 보인다. 무엇을 보고 저리 골똘히 궁리하는 거지? 가까이 다가가 자세히 살펴보니 그는 부처의 일생을 그린 그림들에 넋이 팔려 있었다.

"이것 좀 봐. 꼬마가 부처를 향해 돌을 던지고 있어."

"킴, 부처의 생애에 대해서 아니?"

"잘은 모르지만, 아마 부처가 수행하러 다닐 때 그를 믿지 못하는 사람들이 돌을

부처의 일생을 담은 벽화들

던지거나 때리거나 했던 얘기를 담은 것 같아."

그림은 부처의 일생에 관한 것뿐 아니라 일반 대중의 모습도 있었다. 그리고 우연인지 필연인지는 모르겠지만, 그림 속에는 하나같이 '불'이 그려져 있었다. 불로 요리를 하거나 장작불을 지피는 등 일상적인 모습도 많았지만, 불이 붙은 남자가 괴로워하거나 사람들이 불지옥에서 고통스러워하는 모습 등을 담은 섬뜩한 그림도 더러 있었다.

사원 밖으로 나가 새미와 이야기를 나누는데, 고양이가 보인다.

"어? 새미, 저기 고양이다."

"어디, 어디?"

"저기. 그런데 새미, 고양이 울음소리가 사람 울음소리랑 비슷한 거 알아?"

"웅? 그게 무슨 말이야?"

"평소에는 '야옹야옹' 하고 울잖아. 근데 발정이 나면 아기 울음소리로 변해."

"진짜? 처음 들어."

자연스레 화제는 동물 울음소리로 바뀌었다.

"새미, 난 조카들에게 가끔 장난을 치는데 이렇게 묻곤 하지."

"뭐라고 하는데?"

"일단 '얘들아, 개는 어떻게 짖어?'라고 물어. 새미, 개는 뭐라고 짖지?"

"바우와우(멍멍)라고 짖지."

"그럼 고양이는?"

"미야우 미야우(야옹야옹)"

"그럼 토끼는?"

사가잉 힐에 올라 내려다본 모습

"쯉쯉!"

"뭐?"

"토끼는 '쯉쯉' 하고 울지."

토끼가 어떻게 우는지 물으면 '토끼가 어떻게 울더라?' 하고 고개를 갸우뚱거리며 멈칫거려야 시나리오가 맞아떨어지는데, 새미는 한 치의 주저도 없이 바로 대답을 한 것이다.

하아, 이런. 토끼 울음소리는 대체 어디서 안 것이란 말인가. 그러고 나서 태연하게 내가 또 어떤 동물 울음소리를 물을까 기대하는 새미. 마치 '사마귀가 어떻게 울지?'라는 물음에도 대답할 기세였다.

두근두근 우쿨렐레 첫 공연

사가잉 힐에서 밑으로 내려가는데 소녀들을 만났다.

"밍글라바! 안녕하세요!"

역시 돌아오는 대답은 "안녕하세요"라는 한국어. 소녀들은 나와 새미를 보더니 엄청나게 반가워하며 같이 사진을 찍고 싶다고 난리다. 한 소녀는 새미가 같이 찍자는 것도 거부한 채 나와 사진을 찍겠다며 내 팔을 잡아당긴다. 새미가 카메라를 들자 소녀들은 서로 내 옆에 서려고 아웅다웅이다. 파란 셔츠를 입은 소녀는 내 옆으로 오려고 친구를 밀쳐낸 뒤 그 사이로 끼어들기까지 했다. 으하하, 이 순간만큼은 김태희가 부럽지 않구나!

나는 새미와 잉와로 가는 배를 타기로 했다. 잉와는 잉 왕조의 수도였는데, 몬족에 의해 멸망한 뒤 폐허로 남아 이제는 잊혀진 도시가 되었다고 한다. 몬족, 샨족, 버마족의 건축양식을 한꺼번에 볼 수 있어 의미 깊은 곳이라는데, 미안하지만 건축양식보다는 사부작사부작 마을을 걸으며 평화로운 시간을 보내는 쪽에 더 관심이 있었다.

새미는 아이들에게도 친근하게 대하며 자꾸 말을 붙였다. 그때 나뭇잎 모양으로 다나카(얼굴에 바르는 천연 화장품)를 바른 한 소녀가 눈에 띄었다. 이 소녀는 장신구를 팔려고 새미에게 계속해서 말을 걸었다.

"이거 사세요."

"꼬마야 미안해. 좀 생각해봐야겠어."

"1달러밖에 안 해요."

볼에 다나카를 예쁘게 바르고
액세서리를 팔던 어린 소녀

"음, 그럼 배 타고 온 뒤 다시 와서 살게."

"거짓말. 나는 당신을 기억하지만, 당신은 나를 기억 못 할 거예요."

꼬마가 참, 못하는 말이 없네. 영어도 어찌나 능수능란하게 잘하는지 생존 영어에 도가 튼 느낌이었다. 사실, 학교도 안 가고 이런 곳에서 벌이를 하는 아이들을 마주할 때면 늘 마음이 아팠다. 특히 내 뒤를 졸졸 따라다니면서 "캔디, 캔디"를 외치며 손을 벌리거나 입으로 쯥쯥 소리를 내면서 사탕을 달라고 할 때는 어찌해야 할 바를 모를 정도였다. 먼저 다녀간 여행객들이 불쌍하다며 하나둘 쥐여준 사탕이 아이들을 이렇게 만들어놓은 것이다. 그럼에도 나 역시 그런 아이들을 볼 때마다 마음이 편치 않아 사탕을 하나씩 내줬고, 사탕을 받은 아이들이 좋다고 폴짝폴짝 뛸 때마다 내 마음은 더 무거워질 뿐이었다.

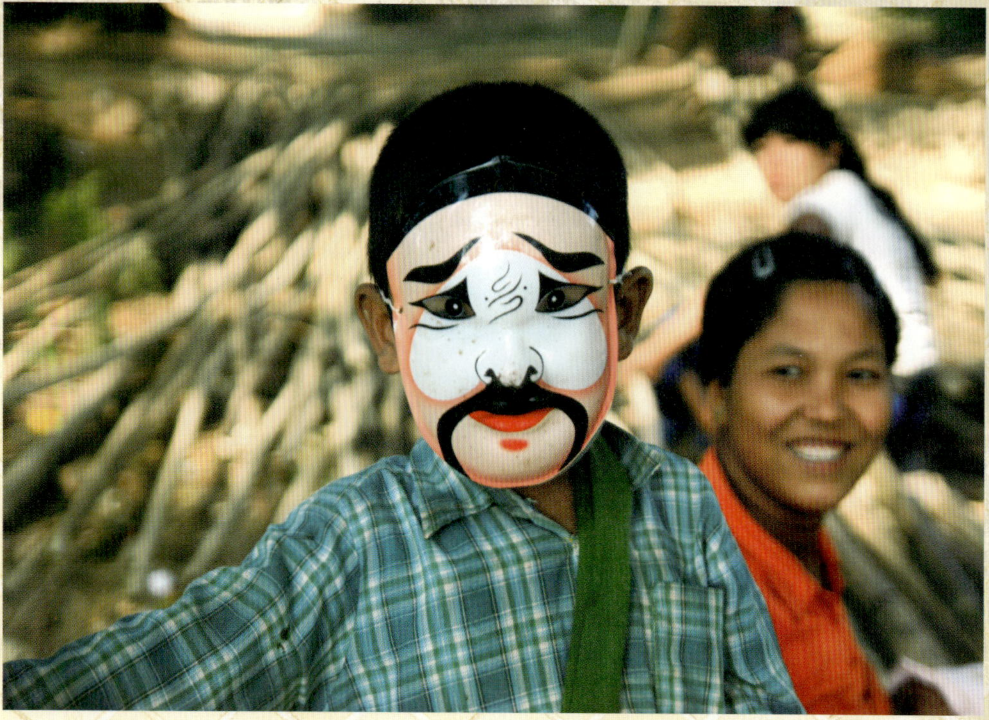

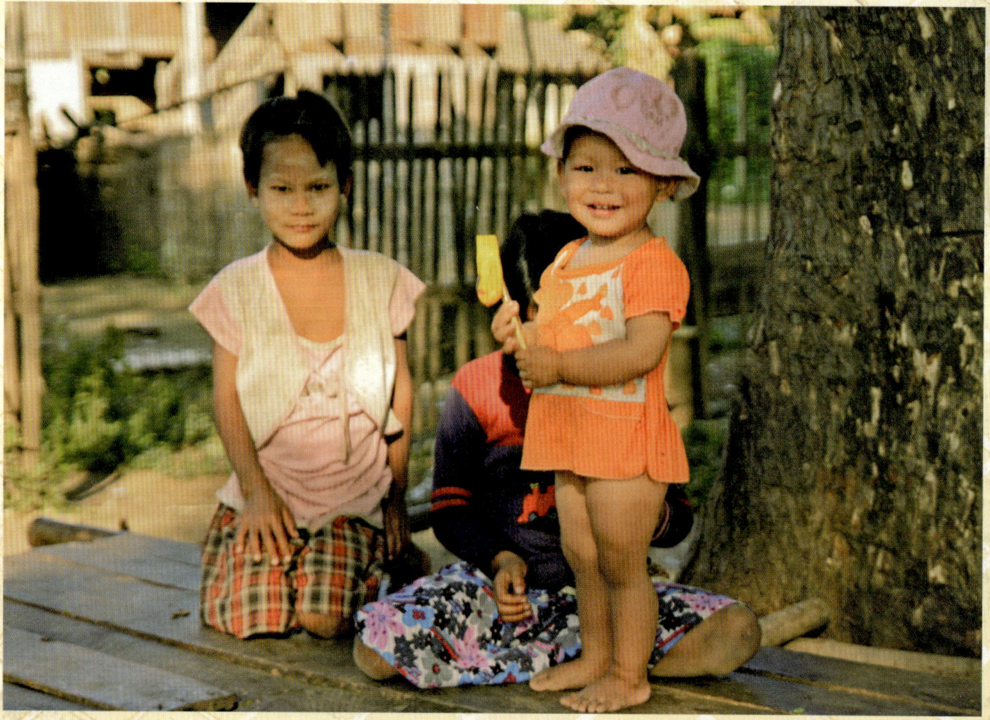

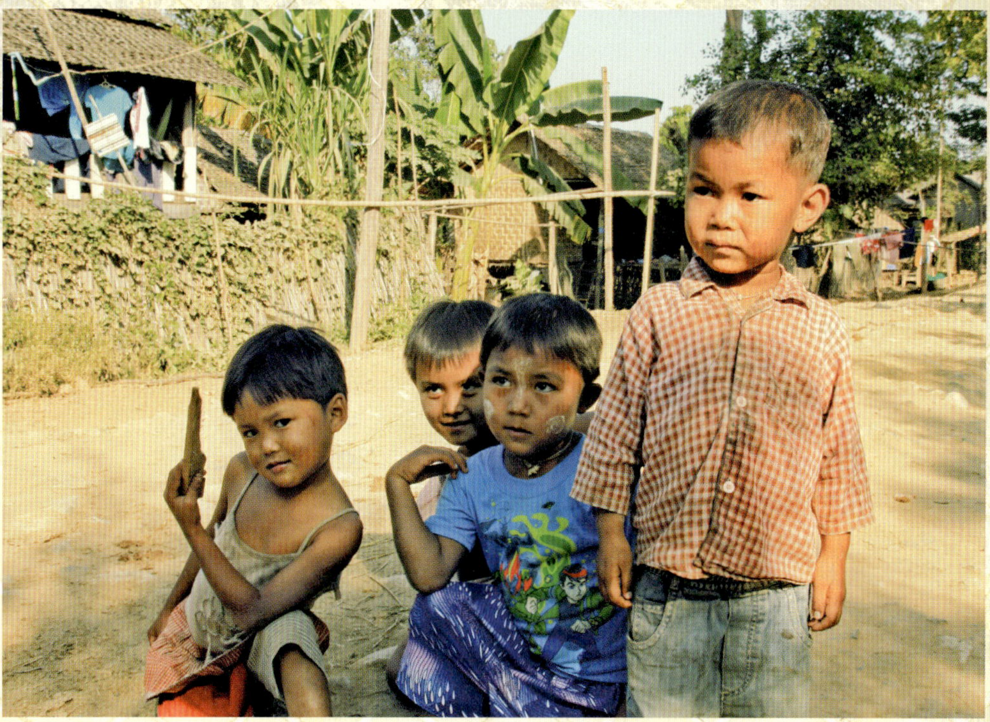

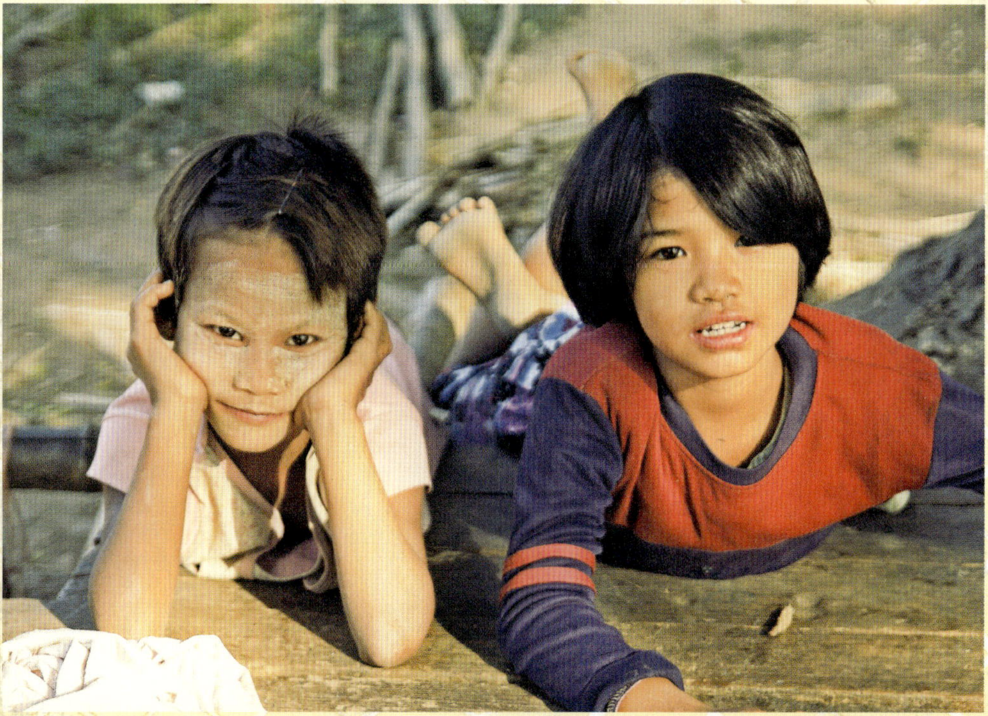

이후 나는 아이들을 만나면 사탕을 주지 않기로 마음먹었다. 대신 풍선을 불어서 손에 쥐어주곤 했다. 하지만 이것 역시 아이들에게 나쁜 버릇을 들이는 것 같아 기분이 썩 유쾌하진 않았다.

배를 타고 잉와로 건너온 우리는 먼지가 휘날리는 흙바닥을 걷기 시작했다. 마을을 돌아다니다 드디어 꺼내 들게 된 우쿨렐레. 여행 와서 처음으로 연주하게 되는구나! 우리는 우쿨렐레를 칠 만한 곳을 찾은 뒤 걸음을 멈췄다. 내 노래를 기대한다며 새미가 눈을 초롱초롱 반짝이는데 부, 부담이……. 설마 내 노래를 듣다가 못 참고 뛰쳐나가는 건 아니겠지?

가방을 열어 우쿨렐레를 꺼내고 음을 조율하기 위해 튜너를 찾는데,

"어? 악! 윽! 튜너를 호텔에 두고 왔다!"

아흐, 절대음감도 아닌데 어떡하지? 튜너가 없으면 소리가 엉망인데. 5분 넘게 혼자 조율한다고 낑낑대다가 도저히 안 되겠기에 포기했다.

"으악, 새미! 망했어."

"괜찮아, 괜찮아. 노래 불러봐."

그렇게 조율도 되지 않은 상태로 우쿨렐레 줄을 튕기기 시작했다.

"Twenty-five years and my life is still……."

나는 4 Non blondes의 〈What's

보고 싶은 새미

up〉을 부르기 시작했다. 조율이 안 되어 있어 음이 완전 엉망일 텐데 새미는 내 노래를 들으며 미소를 지었다. 이내 노래를 같이 흥얼거리는가 싶더니 후렴구가 나오자 따라 불렀다.

"앤 아 세이~ 헤이~ 헤이~ 헤~에~에~~!"

지나가는 호스카(마차)에 탄 관광객들은 일제히 우리 쪽을 쳐다보느라 난리였다. 너무 긴장한 탓일까? 옆에서 서성거리던 미얀마 사람들은 어떤 반응을 보였는지 기억조차 나지 않았다. 노래를 완주하고 나니 박수가 터져 나왔다. 그와 동시에 "다음 곡!"을 외치는 새미. 이번엔 Jason Mraz의 〈I'm yours〉를 부르기 시작했다.

형편없는 콘서트였음에도 무척이나 좋아하는 새미를 보니 어찌나 고맙던지. (아니면 인내심이 강한 건가?) 새미는 자신의 카메라로 내 동영상까지 찍어주었다. 공연을 마치고 난 뒤 로컬 사람들과 얘기도 나누고, 사진도 찍으며 시간을 보내다 오늘의 마지막 코스인 우뻬인 다리로 향했다.

우뻬인 다리는 미얀마의 멋진 풍경 사진에 항상 등장하는 곳. 여행을 떠나기 전,

우빼인 다리의 일몰

이곳 사진을 보고 반했던 터라 기대가 됐다. 다리에 도착한 뒤 좀 거닐다가 일몰 예정 시간을 10분 남겨두고 보트를 타러 선착장으로 갔다. 요금은 4,000짯(5,700원). 음, 10분밖에 못 탈 것 같은데 4,000짯은 좀 아까웠다.

"새미, 그냥 저쪽으로 걸어가서 보는 게 어때?"

해는 뉘엿뉘엿 져 가고 있었다. 점점 땅에 가까워질수록 해도 더욱 큰 빛을 뿜어내기 시작했다. 그렇게나 기대했던 우뻬인 다리의 일몰이 눈앞에 펼쳐지고 있었지만, 내 머릿속엔 새미와 함께한 오늘, 즐겁고 유쾌했던 시간들이 더 와 닿았다.

어느새 새미와 헤어질 시간. 그는 오후 8시에 양곤으로 가는 야간버스를 타야 했고, 나는 다시 호텔로 돌아와야 했다. 새미와 '진한' 포옹을 나눈 뒤, 작별인사를 했다.

"한국에 놀러올 거지?"

"그럼. 갈 테니까 꼭 구경시켜 줘."

"당연하지."

새미는 아시아가 너무 좋단다. 사람들의 행복한 표정, 순수한 마음, 따뜻한 가슴이 너무 좋다면서.

새미, 한국에서 꼭 봤으면 좋겠어! 내게도 앞으로 말레이시아에 오게 되면 꼭 연락하라고 하는데 언제 가게 될런지. 여행을 할수록 아는 친구들이 하나씩 생겨나게 되고, 언제 지켜질지 모르는 약속들이 하나씩 늘어간다.

키스해도 될까요?

　새미와 헤어진 뒤 표의 오토바이를 타고 호텔로 향했다. 그는 이동할라치면 쉴 새 없이 내게 말을 붙이곤 했는데, 내가 미얀마와 미얀마어에 관심을 보이자 이것저것을 가르쳐주었다. 열심히 기억하려고 애를 쓰는데 이놈의 몹쓸 기억력이 5초를 못 간다!

　"어제 말한 계획보다 오늘 더 많이 돌아다닌 것 알죠?"

　"네, 알아요."

　"그리고 기름도 많이 비싸요."

　아, 어제 말한 가격에서 더 올려 받으려나 보구나.

　"표, 그럼 얼마예요?"

　"걱정마세요. 똑같아요."

　"고마워요, 표!"

　아침에 그에게 말한 '어쿠, 칫대(오빠, 사랑해요)'가 효과가 있었나? 으하하하!

　오토바이를 몰던 표가 갑자기 미얀마 노래를 부르기 시작한다.

　"표, 노래 잘 부른다! 나도 노래 하나 해도 될까요?"

　"물론이죠."

　그렇게 해서 난 표의 오토바이 뒤에 탄 채로 정경화의 〈나에게로의 초대〉를 부르기 시작했다. 덜컹거리는 오토바이 때문에 원치 않는 바이브레이션이 제멋대로 나온다. 이건 당최 사람이 부르는 건지 염소가 부르는 건지 알 수가 없다.

　"킴, 시간 있어요?"

"네. 뭐 딱히 계획이 있는 건 아니예요."

"그럼 버간으로 가는 보트 제티(선착장)에 가볼래요?"

"제티요? 좋아요, 가요."

이윽고 제티에 도착. 사방은 깜깜했고 불빛이 몇 개 보이긴 했지만, 꽤 어두웠다. 여기서 표에게 미얀마 숫자 강습을 받기 시작했다. '띳, 흐닛, 또우, 리, 응아, 챠우, 콩, 씻, 꼬, 떠새(일, 이, 삼, 사, 오, 육, 칠, 팔, 구, 십)'부터 떠야(백), 떠타웅(천), 떠따웅(만)까지 배웠다. 발음을 일일이 따라 하는데 내 발음이 너무 어설펐는지 표가 몇 번씩이나 교정해주었다. 하지만 도저히 따라 하기 힘들었다. 이건 흉내 낼 수 있는 수준을 넘어섰다. 표, 어디 한 번 세계에서 가장 어렵다는 한국어 맛 좀 봐볼래?

"자, 따라 해봐. 일, 이, 삼, 사, 오, 육, 칠, 팔, 구, 십!"

"일, 이, 삼, 사, 오, 육, 칠, 팔, 구, 십!"

"표, 어쿠, 칫대!"

뭐, 뭐지? 한국 사람인 나보다 발음이 더 좋다니. 그것도 한 번에 따라할 줄이야. 제대로 굴욕이구나, 하아. 이어서 미얀마어로 숫자 알아맞히기 놀이를 했다.

"챠따웅나야(5을 가리키는 '응아'는 실제로 들으면 '–나'로 들린다)."

"6만 5백!"

"흐닛타웅나야."

"2천5백!"

맞추면 나는 좋다고 '오예' 소리를 지르고, 표는 그저 옆에서 웃기만 했다.

표는 계속 내게 계획 있느냐, 피곤하지 않으냐고 물었다. 왜 자꾸 같은 말을 묻지? 이상하게 생각하고 있던 찰나, 그의 입에서 충격적인 한마디가 흘러나왔다.

"킴, 키스해도 될까요?"

뭐, 뭐라구? 내가 잘못 들었나? 지금 표가 나한테 뭐라고 말한 거지? 키, 키스라니! 사방이 깜깜하고 인적 드문 강가에서 나한테 키스를 하겠다고? 아, 순수한 표를 믿었는데 갑자기 왜 이러는 거야? 혹시나 거절했다가 덮치기라도 한다면? 윽, 근데 저 얼굴 좀 봐! 음흉하기는커녕 초롱초롱한 눈빛으로 나를 바라보고 있잖아?

"오, 안 돼. 내 남자친구가 화낼 거야."

이럴 때마다 등장하는 있지도 않은 남자친구. 하하하. 그랬더니 표는 급 태도를 바꾸어 미안하다며 계속 사과를 한다. 어찌나 사과를 해대던지 나중엔 오히려 내가 더 민망할 정도였다.

"괜찮아. 남자친구에게는 비밀로 할게!"

솔직히 표의 말을 듣고도 그가 무섭다는 생각은 들지 않았다. 오히려 믿음이 갔다고나 할까? 그건 그렇고 둘 사이에 흐르는 이 어색한 정적이란. 하아, 앞으론 '어쿠, 칫대'를 함부로 남발하면 안 되겠구나. 이런 부작용이 생길 줄이야!

그렇게 어색한 분위기를 뒤로 하고, 호텔로 돌아와서 구준표 사진을 하나 건네고 같이 또 찰칵! 내일 아침에 슬로보트를 타야 하기 때문에 픽업을 부탁하고 헤어졌다. 헤어지는 그 순간까지도 나에게 '그 일'을 미안하다고 거듭 사과하는 표.

호텔로 돌아와 잠을 자려고 누웠는데 자꾸 실실 웃음이 나온다. 에잇, 그냥 한 번 눈 딱 감고 해버릴 걸 그랬나?

슬로보트 Slowboat

가까이,
더 가까이

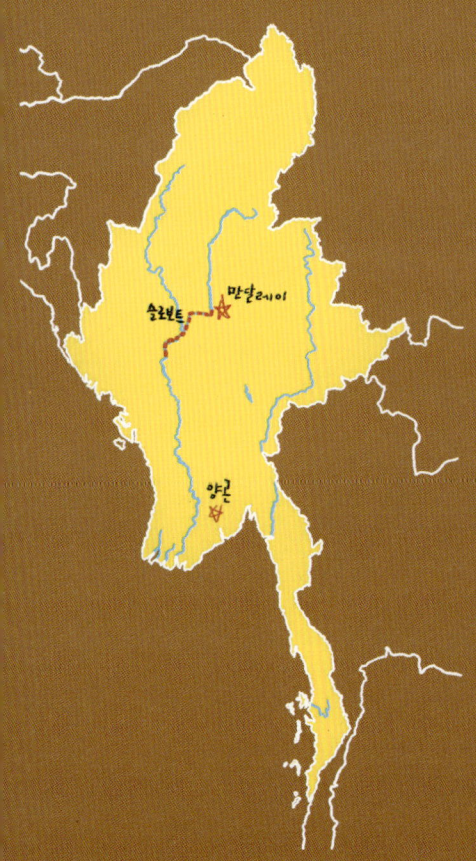

구경꾼

미얀마에 오기 전, 만달레이에서 버간으로 가는 슬로보트를 타기 위해 일정 조율을 하느라 한참 동안 머리를 꽁꽁 싸맸다. 슬로보트는 일주일에 두 번, 수요일과 일요일에만 운행하므로 날짜를 잘 맞춰야 하기 때문이다. 여행 첫날 베이징 공항에서 노숙을 한 뒤 양곤에 들어와 쉬지도 않고 당일 날 바로 야간버스를 타고 만달레이로 향하는 강행군을 벌였던 이유도 이 슬로보트 때문이었다. 탑승 요일을 맞추기 위해 이리저리 머리를 굴리다 결국 몸이 좀 고생하는 편을 택했던 것이다.

새벽 5시 30분에 출발하는 슬로보트를 타기 위해 일찍이 길을 나섰다. 제티(선착장)에 도착해서 여권과 함께 10달러를 제시하고 기다리는데, 한 남자가 나를 보며 반갑게 인사를 건넸다.

"안녕?"

"안녕! 어디서 왔어?"

"체코에서 왔어."

"오, 체코? 난 한국에서 왔어."

"네가 입은 옷 멋지다. '1987'이라고 적힌 거 말야. 내가 태어난 해랑 같거든."

내 야구점퍼에는 '1987'이라는 마크가 붙어 있었는데, 이 옷은 베이징 공항에서 미국 꼬마아이에게 놀림의 대상이 되었던 바로 그 옷이었다. (여행하는 동안 의외로 이 야구점퍼를 마음에 들어 하는 여행객들이 꽤 있었다.) 그의 이름은 '혼자'라고 했다. 혼자라니! 하하하. 절대 잊어버리지는 않겠구나. 혼자는 여자친구인 미샤와 함께 미얀마에 여행하러 왔고, 나와 마찬가지로 버간으로 가는 중이라고 한다.

"이따 배에서 보자."

표를 끊고 배에 올랐다. 배는 2층 구조로 되어 있는데, 1층에는 대부분 로컬들이 탔다. 2층 한쪽에는 외국인들이 앉아서 가는 의자가 마련되어 있었다. 부지런한 서양인들은 일찍부터 와서 좋은 자리를 선점하고 있었.

만달레이에서 출발하는 이 슬로보트는 버간까지 15시간이 걸린다. 쉽게 말해 하루 온종일 배에서 보낸다고 보면 된다. 음, 어느 자리에 앉지? 그때 저 앞에 '혼자'가 보였다.

"혼자! 거기 자리 비었어?"

미얀마 사람들은 이렇게 바닥에 앉아서 간다.

"응, 비었어."

혼자 근처에 있는 의자를 차지하고 주변 여행객들과 인사를 나누기 시작했다. 내 옆에 앉은 여자가 나를 보자마자 한마디 했다.

"어? 악기 가지고 다니네?"

"응, 우쿨렐레야."

"와우, 우쿨렐레라구? 음악 하는 사람이야?"

"하하하, 아니야. 그냥 학생이야."

그녀의 이름은 바버라. 알고 보니 현재 서울에서 영어 강사로 일하고 있다고 했다. 그녀의 친구 역시 대구에서 영어를 가르치다가 지금은 미국에서 일하고 있다고. 짐을 정리한 뒤 또 다른 사람들과 인사를 나누었다. 이들과 이야기를 나누다 보니 주위에 있는 외국인들은 중국, 미국, 네덜란드, 이스라엘, 체코 등 다양한 나라에서 온 사람들이었다. 이 조그만 배에 이렇게 다양한 국적의 사람들이 타고 있다니 신기했다.

배가 첫 번째 마을에 멈췄다. 어느새 마을과 배 사이에 간이 통로가 만들어지고, 머리에 짐을 이고 있는 사람들이 하나둘 내리기 시작했다. 강가에는 사람들이 서 있었는데 종류는 다르지만 하나같이 무언가를 팔고 있었다. 어떤 아주머니는 양손에 바

첫 번째 정차하는 마을은 바나나가 특산품인 듯했다.
"날이면 날마다 오는 바나나가 아니야."

"워매, 넘어져 부렀네.
나 좀 일으켜 봐요, 빨랑."

"흐미, 쪽팔린그……"

나나를 한 송이씩 들고 배 안의 여행객들을 향해 흔들고 있었고, 그 옆의 아주머니는 조각으로 썰어놓은 수박이나 과일 등을 담은 쟁반을 머리에 이고 있었다. 뒤에 있는 아주머니는 스낵, 간식, 빵 등을 사라고 외치고 있었다.

배 안에서도 진풍경이 펼쳐지고 있었다. 여행객들은 모두 카메라를 꺼내 들고 앞서 얘기한 사람들을 찰칵찰칵 찍어댔다. 그 모습을 보는데 또 많은 생각이 교차했다. 마치 동물원의 원숭이를 구경하고 있는 것 같다는 생각이 드는 것이다. 그런 나 역시 카메라를 들고 각도를 이리저리 바꿔가며 사람들을 찍느라 쉴 새 없이 셔터를 눌러댔다. 내 모습도 동물원에 온 '구경꾼'처럼 저들과 전혀 다를 바 없게 느껴졌다.

이윽고 물건을 파는 사람들이 배 안으로 들어왔다.

"이거 좋아요. 1,000짯에 줄게요."

"이것 좀 먹어봐요. 맛있어요."

"아따, 이거 한 번 잡숴 봐."

"립스틱 가진 거 있으면 이거 줄 테니까 바꿀래요?"

여러 사람들에게 둘러싸여 있다 보면 아주 혼이 쏙 빠진다. '아나바대(죄송합니다)'라고 말하면 그냥 가는 사람도 있었지만, 집요하게 붙잡는 사람도 있었다. 그들에게 일일이 거절의 표시를 하는 것도 미안할 지경이었다.

'부―웅' 하고 마을을 곧 떠날 거라는 경적소리가 울리자 물건을 팔던 사람들이 하나둘 내리기 시작했다. 시끌시끌했던 배 안이 차츰 평온해지고, 배는 다시 강물을 따라 느릿하게 떠내려가기 시작했다.

범상치 않은 청년, 혼자

배 안을 이리저리 돌아다니는데 '혼자'가 날 보더니 말을 걸었다.
"킴, 아까 처음에 배에 탔을 때 내 이름 불렀잖아. 어떻게 기억한 거야?"

" '혼자' 말이야?"

"응."

" '혼자'라는 말은 한국어로 'Alone' 'By myself'라는 뜻이야. 그래서 기억하고 있었어."

"하하하, 내 이름이 그런 뜻이었어? 그럼 영화 〈Home alone〉을 한국에서는 뭐라고 그래?"

"(한국어로) 〈나 홀로 집에〉라고 해. 그때 쓰는 '홀로'가 '혼자'와 비슷한 뜻이야."

"혼자, 홀로, 혼자, 홀로…… 하하하!"

"넌 내 이름 어떻게 기억했는데?"

"네 이름은 쉬워. 킴!"

"맞아. 발음하기도 쉽고 짧아서 사람들이 잘 기억하더라."

"킴, 그나저나 유럽 여행했다고 했잖아. 한국 사람들이 유럽 여행을 하는 이유가 뭐야? 그러니까 음, 유럽을 좋아하는 이유가 뭐야?"

"음, 글쎄……."

"유럽의 경제? 문화? 아니면 다른 이유가 있어서 그런가?"

"아마 유럽의 문화가 가장 큰 이유일 거야. 특히 건축물 양식이나 자연 풍경이 굉장히 다르거든. 그런데 확실히 경제는 아니야. 인프라 시스템이나 인터넷 사정 같은 건 한국이 더 낫

"야들아, 아빠가 선물 한 보따리 싸들고 왔다잉~!"

마을 사람들이 나와서 구경 중

슬로보트는
총 여덟 군데의 마을에 정차한다.

거든."

"그럼 혹시 한국 사람들은 미국 좋아해?"

나는 목소리를 낮추고 그의 귀 가까이에 속삭였다. 바로 주변에 미국인이 있었기 때문이다.

"아니. 사실 보통 한국 사람들은 미국 싫어해. 10년 전만 해도 미국을 좋아하고 미국 문화를 좋아하는 사람들이 많았어. 하지만 지금은 정반대야. 한국에 주둔하는 미군이 한국인에게 나쁜 일을 많이 하기도 했고."

혼자는 국제 관계에 대해 공부하고 있다고 했다. 그래서인지 국제 정세에 관심이 많았다. 그리고 미얀마 내부 사정에 대해서도 잘 알고 있었다.

"2년 전만 해도 지금처럼 우리가 미얀마 사람들하고 보트 안에서 자유롭게 이야기할 수 없었어."

"왜?"

"세월이 참 무상하네."

"그렇지 뭐, 인생 별거 있어?"

"사복 경찰들이 언제 어디에나 포진해 있었거든. 만약 외국인하고 미얀마인이 이야기를 하면 외국인이 자리를 뜨고 난 뒤 경찰이 미얀마인에게 다가가서 이름을 묻고 사진을 찍은 후 감옥에 데려갔었어."

"헉, 끔찍해."

"그런데 지금은 많이 바뀌었어. 이제는 서로 얘기해도 괜찮고, 아웅산 수치 여사 얘기를 해도 괜찮아. 전에는 아웅산 수치 여사 이야기를 하면 잡아갔거든."

무서운 세상이구나. 그런데 생각해보니 우리도 마찬가지 아닌가. 함부로 정부를 비판했다가는 구속당하기도 하고, 영장이 발부되는 마당에 내 의견, 내 목소리를 내 입으로 내겠다는 걸 본인들의 입맛에 맞지 않는다고 마구잡이로 잡아들이는 것과 무슨 차이가 있는지…….

혼자는 아름다운 마음씨를 가지고 있었다. 말 그대로 정말 마음씨가 곱고 착했다. 그는 값싼 노동력을 착취해 생산하는 제품은 사지 않는다고 했다. 금 역시 사금을 채취하는 과정에서 아프리카의 많은 사람들이 노동력을 착취당하고 있기 때문에 사지 않는다고 했다. 노동자들이 돈을 받지 못하는 경우도 많고, 결국은 정부의 배를 불리는 꼴이 되는 거라면서. 나 역시 그 사정을 모르지는 않았지만, 진지하게 자기 의견을 말하는 혼자가 얼마나 '아름다워' 보이던지.

"나이키, 아디다스, 퓨마는 중국이나 다른 나라에서 값싼 노동력을 착취해서 만들어. 그래서 난 그 브랜드 옷은 입지 않아."

"이런, 나 지금 나이키 옷 입고 있는데……."

"하하하, 괜찮아. 나이키 옷을 입는다고 해서 안 좋은 시선을 보내는 게 아니야. 다만 그런 회사와 정부가 싫다는 거지."

혼자와 이런저런 얘기를 나누다 보니 그가 범상치 않은 청년이라는 생각이 강하게 들었다. 여행하면서 이런 친구는 만난 적이 드물었는데. 그와 얘기를 더 나눠보고 싶어졌다.

아름다운 마음씨를 가진 체코 청년, 혼자

너희들은 내 땅예진이야

미얀마 사람들과 시간을 보내고 싶어서 1층 갑판으로 내려왔다. 현지인들과 어울리기 위해선 무작정 사람들 사이로 파고들어 가는 게 최고다. 영어가 거의 통하지 않았기 때문에 바디랭귀지 말고는 그들과 소통할 수 있는 방법이 없었다. 그러나 며칠 동안 배운 미얀마어 덕에 좀 더 친근하게 다가갈 수 있었다.

'밍글라바' '쩨주 띤 바데' '삣, 흐닛, 토우, 리, 응아' 등을 무작정 내뱉다 보면 어느새 주위로 사람들이 모여들었다. 화기애애한 분위기에 웃다가, 상대방의 웃음에 또 한 번 웃게 됐다. 특별한 말이나 행동이 없어도 이런 분위기 자체가 정답게 느껴지는 것이 너무나 좋았다.

한참을 사람들과 어울리다가 저쪽에 어려 보이는 소녀 두 명이 눈에 띄어 그들 옆으로 가서 앉았다. 나는 핸드폰에 미리 담아간 케이팝 뮤직비디오를 몇 편 보여주었다. 슈퍼주니어, 비스트, 원더걸스, 샤이니 등등. 특히 소녀들은 '소녀시대'가 나오니 무척 좋아했다. '초래, 초래(예쁘다)'라며 싱글벙글해하면서.

"소녀시대보다 너희가 더 예뻐. 너희가 '초래'야."

그랬더니 이번엔 나를 가리키며 '초래'라고 한다.

"아니 아니, 나 말고! 너희가 초래라구."

이 친구들의 이름은 '닌뚜자퓨'와 '타타누에'. 각각 스무 살, 스물두 살인데, 나는 또 그들에게 스물한 살이라고 거짓말을 하고 말았다. 으아아, 물론 그들을 일부러

유달리 부끄러움이 많아 카메라 앞에만 서면 굳어버리는 닌뚜자퓨

닌뚜자퓨에 비해 좀 더 활발했던 타타누에

속이고자 했던 건 아니다. 왠지 비슷한 또래라고 하면 소녀들이 나를 더욱 친근하게 느낄 것 같은 기분이었달까. 이렇게 어울려 있으니 한 미얀마 아주머니가 친구 사이 같다면서, '친구'는 미얀마어로 '땅예진'이라고 알려주었다.

"닌뚜자퓨, 타타누에. 너희들은 내 미얀마 땅예진이야!"

한참 뮤직비디오를 보고 있는데 갑자기 타타누에가 작은 봉지를 부스럭부스럭대더니 내 앞으로 들이민다. 뭘까? 봉지를 들여다보니 초코파이, 쿠키, 해바라기씨 등이 들어 있었다. 소녀는 해바라기씨를 꺼내더니 선물이라며 내밀었다.

"이거 이름이 뭐야?"

"'늬쨔지'라고 해."

"쩨주 배(고마워)!"

소녀들이 건넨 해바라기씨

해바라기씨의 딱딱한 껍질을 깨무는 내 모습이 서툴러 보였는지 닌뚜자퓨는 잘 깨물어지는 방향을 알려주었다. 또 해바라기씨의 껍질을 깨물어 내 손바닥에 쥐여주고는 손으로 직접 먹여주기까지 한다. 이런 정이 철철철 넘치는 소녀들 같으니라고!

2층에서 쉬면서 외국인 여행객들과 얘기를 나누다가 소녀들이 내린다는 선착장을 지날 때쯤 1층으로 다시 내려갔다. 그리고 구준표 사진을 한 장씩 쥐여주었다. 해맑게 웃던 소녀들의 모습을 찍으려는데 그렇게 잘 웃던 얼

"소녀들아! 따따!"

굴이 또다시 심각해진다. 에구, 좀 웃어줘. 애들아!
　"소녀들아! 따따(바이바이), 안녕!"
　소녀들은 작은 보트에 옮겨 탔고, 떠나는 배를 향해 그리고 나를 향해 한참이나 손을 흔들었다. 나 역시 소녀들이 시야에서 사라질 때까지 계속 손을 흔들었다. 땅예진, 안녕!
　다시 로컬들이 있는 1층에서 어슬렁어슬렁 배회하다 이야기를 나누고 있는 사람들 쪽으로 다가갔다.
　"밍글라바, 안녕하세요."
　이들은 내 카메라를 보자마자 자기들을 찍어달라고 했다.
　"네, 이쪽에 서보세요. 자, 찍습니다. 띳, 흐닛, 또우!"

101

"왼쪽 언니, 그렇게 말고 좀 웃어요."

"입꼬리를 좀 올려 보세요."

"이렇게 웃으면 돼?"

그런데 사진을 찍으려 하니 모두들 차렷 자세가 된다. 활짝 웃던 표정도 순식간에 굳어져 버린다. 나는 카메라를 들고 방금 찍은 사진을 보여주며 몹시 실망하는 척했다.

"아니, 갑자기 왜 다들 표정이 어두워졌어요? 사진 좀 보세요."

하며 그들의 표정을 그대로 따라 했다. 그러자 모델들은 부끄러워 손으로 얼굴을 가렸고, 주변 사람들은 깔깔 웃기 시작했다. 그리고 나서 이번에는 웃으면서 사진을 찍자고 직접 표정을 지어 보였다.

"자, 저 좀 보세요. 이렇게 웃는 거예요. 입꼬리를 이렇게 올려보세요."

그러면 환하게 웃는 사람도 있었지만, 여전히 굳어 있는 사람도 많았기 때문에 타이밍을 잘 포착해 찍어야 했다. 이것이 바로 며칠 사이 터득한 노하우라면 노하우랄까!

한 청년은 계속해서 사진을 찍어 달라며 나를 가만히 놔두질 않았다.

"자, 스마일~!"

하며 사진을 찍는데 입은 붉게 물들어 있었고, 검붉게 착색되어 있는 치아가 유독 눈에 띄었다. '꽁야'라고 불리는 씹는 담배 때문인데, 너무 많이 씹으면 치아가 부식되고 검붉은 색으로 변색되어 미관을 해치게 된다. '꽁야'는 '꽁'이

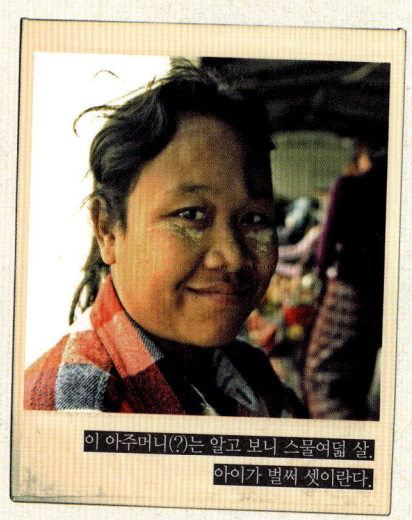

이 아주머니(?)는 알고 보니 스물여덟 살. 아이가 벌써 셋이란다.

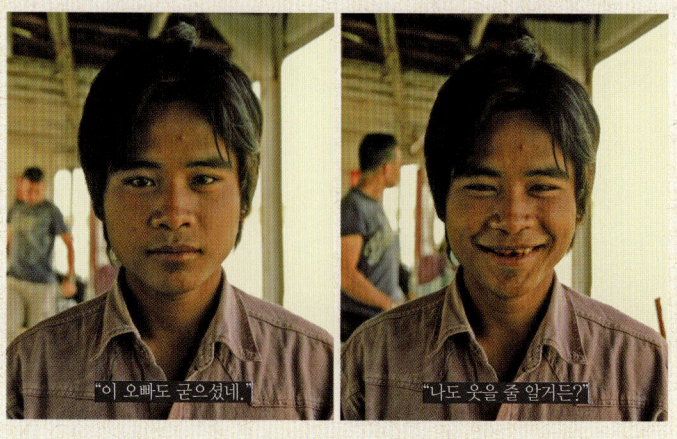

"이 오빠도 굳으셨네." "나도 웃을 줄 알거든?"

라는 잎에 여러 가지 씨앗과 열매를 싸서 오물오물거리며 씹었다가 액을 뱉어내는데, 붉은 침을 뱉어내기 때문에 마치 피를 토하는 것처럼 보인다. 처음 미얀마에 왔을 때, 입 주변이 불그죽죽한데다 치아까지 붉은색으로 변한 사람들을 마주할 때면 시선을 어디에 둬야 할지 난감할 때가 간혹 있었다. 언뜻 보면 뱀파이어가 피를 빨아 먹은 뒤 입 주변에 묻혀놓은 것 같아 섬뜩했으니까. 적응할 때가 되었다 싶었는데도 매번 이렇게 앞에서 볼 때마다 또다시 놀라곤 했다.

노을은 나를 물들이고

바람이 차가워 몸을 녹일 만한 따뜻한 차가 필요했다. 슬로보트 뒤편에는 간이식당이 있는데 이곳에서는 간단한 식사와 음료를 팔고 있었다. 앞에 서 있던 외국

"왜 이렇게 때가 안 빠져~"
보트를 타고 가다 본 빨래하는 아낙네.

인 아저씨가 커피를 주문했다.

"아저씨, 이거 얼마래요?"

"500짯(700원)이래."

"500짯? 비싸네요."

"응, 비싸. 왜 이렇게 비싸게 받는지 모르겠어."

사실 700원짜리 커피 한 잔이면 비싼 것은 아니다. 그러나 미얀마에서 500짯 하는 커피라면 매우 비싼 축에 속한다. 500짯이면 국수 한 그릇을 먹고 입가심으로 간식까지 사 먹을 수 있는 돈이니까. 그러나 외국인에게는 원래 가격보다 더 비싸게 받기 때문에 어쩔 수 없다. 왜 외국인에게 더 비싸게 받느냐고 묻는다면 '제도가 그러하니까'라는 대답밖에 할 수 없다. 미얀마에선 어디를 가든지 외국인 요금이 따로 정해져 있는데, 보통은 현지인에게 받는 가격의 열 배 가까이 된다. 물론 그 이하, 그 이상도 있지만.

다시 내 자리로 돌아와 일기를 정리하고, 음악을 들으며 여유를 즐겼다. 그러다 우쿨렐레가 생각나 꺼내 들었다. 그리고 구석진 곳에 앉아 몰래(?) 우쿨렐레를 치기 시작했다. 조용히 노래도 같이 부르면서. (점점 또라이 게이지가 상승하고 있구나!)

지난번에 우쿨렐레를 연주할 때 튜너를 숙소에 두고 나온 줄 알았는데 생각해보니 베이징 공항에서 잃어버렸다는 걸 깨달았다. 공항에서 노숙할 때 심심해서 연주하려고 꺼냈는데, 그때 바닥에 흘린 것 같았다. 아무튼, 조율이 안 된 악기로 연주하고 있자니 소리가 제멋대로라서 행여 누가 들을까 노심초사, 좌불안석이다. (누가 알아준다고!) 남은 일정 동안 또 우쿨렐레를 칠 수 있을까? 튜너가 없으니 도무지 연주할 맛이 나질 않는다. 에잇, 그만 치자. 괜히 들고 와서 짐만 되다니……. 나는 우쿨렐레를 내려놓고 멀뚱멀뚱 쳐다만 보았다.

머리 위에 높이 떠 있던 해가 어느새 땅바닥 가까이 내려왔다. 푸른 대지가 붉은 공을 향해 입을 쩌억 벌리자 곧 주변이 황금빛으로 물들기 시작했다. 고운 노을빛에 나도 물들어버릴 것 같았다. 배 위에서 보는 일몰은 환상적이었다. 해는 뭐가 그리도 급한지 빠르게 아래로 숨더니 이내 시들어버렸다. 온 세상이 보라색으로 바뀌고 나서야 입에서 터져 나오던 탄성이 멈췄다.

배에 전구가 하나둘 켜지기 시작하는가 싶더니 계속해서 깜빡거렸다. 전력 사정이 좋지 않아 중간에 잠깐 꺼졌다가 다시 켜지곤 하는 것. 바람은 어느새 차갑게 바뀌었고 쌀쌀한 기운이 온몸을 휘감았다.

해가 지고 난 후, 배는 두 시간여를 달려 버간에 닿았다. 그나저나 오늘 숙소 예약을 못 했는데 어쩌지? 만달레이에서 버간에 묵을 숙소를 알아보니 이미 예약이 꽉 차 있었다. 그래서 일단 가서 정하기로 하고 무작정 온 것이었다. 고민하던 찰

에야워디 강의 일몰.
실제로 보면 해가 무척 크게 보인다.

나 갑판에서 혼자와 미샤를 다시 만났다. 내가 숙소 예약을 못 하고 왔다고 하자 혼자는 자기가 예약해둔 곳으로 같이 가자고 했다.

"우리가 방을 하나 예약했는데 더블룸이라고 들었거든. 그런데 네 명이서 쓸 수 있는 방도 있다고 했어."

"음, 내가 따라가는 걸 네 여자친구도 허락할까?"

"그건 문제없어!"

'커플 사이에 끼어도 될까?' 잠시 걱정하였으나, 혼자와 미샤는 오히려 내게 전혀 신경 쓰지 말라고 했다. 참 고마우면서도 반신반의하게 되는…… 으, 정말 괜찮은 걸까? 그렇게 혼자와 미샤를 따라나섰다.

곰곰이 오늘 하루를 떠올려보았다. 주변의 이야기를 들어보면, 슬로보트가 매우 지루했다는 사람도 있고, 미얀마 여행에서 최고의 경험이었다고 하는 사람도 있다. 내게 슬로보트는 확실히 후자였다. 로컬들과 즐거운 시간을 보내고 또 세계 각지에서 온, 다양한 나이 대의 여행객들과 얘기를 나누다 보니 지루할 틈이라곤 전혀 없었으니까.

슬로보트 내부

슬로보트 안에 있는 화장실.
이 정도면 중상급에 속한다.
이제 막 청소해서 반짝반짝하지만
한 시간만 지나면······.

이렇게 강에서 길어 올린 탁한 물로
그릇도 씻고, 마시기도 한다.

너덜너덜한 보트 천장

강렬한 햇살 때문에
여행객들이 자신의 머플러를
차광막처럼 걸어놓았다.

버간Bagan

파고다에 울려 퍼지는 소리

꿩 대신 닭

　수천 개의 파고다가 장관을 이루는 버간의 일출을 보기 위해 새벽부터 부산을 떨며 일어났다. 호텔 스탭 아저씨에게 근처에 일출을 볼 수 있는 멋진 곳을 추천해 달라고 하니 '쉐리뚜 파고다'를 알려주었다. 또 내게 손전등이 있느냐고 물어보곤 없다고 하니 선뜻 자기 것을 빌려주었다. 쩨주 띤 바대!
　혼자 길을 나섰는데 사방이 아주 깜깜했다. 손전등을 안 가져왔더라면 한 발자국조차 내딛기도 어려울 정도로. 이런 상황에선 오싹한 분위기를 느낄 법한데도 그다지 무섭게 느껴지지 않았다. 버스 트럭을 타고 일을 하러 가는 아주머니, 자전거를 타고 어디론가 바삐 가는 아저씨, 호스카(마차) 투어를 하는 여행객 등 이른 새벽이었지만 사람들이 심심찮게 다니고 있었기 때문이다.
　지나가는 사람들을 붙잡고 쉐리뚜 파고다가 어디에 있느냐고 물었다.
　"쉐리뚜 파고다 어딘지 아세요?"
　"네? 어디요?"
　그런데 사람들이 하나같이 쉐리뚜를 모른다고 한다. 어라, 이 근처에 있다고 들었는데 왜 다들 모르지? 그러다 누군가,
　"아, 쉐리뚜?"

하며 고개를 끄덕인다. 이런, 내 발음 때문이었구나! (미얀마어는 성조가 있어서 강세를 잘못 주면 뜻을 전혀 알아들을 수 없기 때문에 발음을 잘해야 한다.)

사람들이 일러준 방향으로 갔지만, 아무리 찾아도 쉐리뚜는 나오지 않았다. 파고다를 찾기 어려운 이유는 이곳에 와 보면 단번에 알 수 있다. 어디 파고다가 한두 개여야지. 이곳에는 파고다가 무려 2,000여 개나 되니 말 다했지!

'쉐리뚜, 쉐리뚜…….. 대체 어디 있는 거야?'

점점 주위가 밝아왔다. 이런, 불안한데? 왠지 쉐리뚜 파고다에서 일출을 못 볼 것 같은 불길한 예감이 들었다. 한참을 헤매다 쉐리뚜 찾는 것을 포기하고 무작정 근처에 보이는 큰 파고다로 향했다. 그러나 그곳도 문이 '굳게' 닫혀 있었다.

주위는 점점 더 환해졌다. 해가 솟아오를 준비를 하고 있구나. 제발 조금만 더 기다려줘. 아직 올라와선 안 돼! 그러나 위로 올라갈 만한 곳은 아무리 찾아도 보이지 않고, 결국 나는 길 위에 멈춰 설 수밖에 없었다. 이대로 여기 서서 일출을 감상해야 하다니 망했다. 망했어!

그때 갑자기 어디선가 열기구들이 나타났다. 꿩 대신 닭이라고, 열기구들이 하늘 높이 솟아오르는 광경을 보며 위안을 삼았다. 열기구를 탄 사람들을 향해 손을 흔들었더니 내게도 같이 손을 흔들어주었다. 이봐요들, 내 몫까지 봐주세요!

플립플랍 슬리퍼를 신고 아침부터 먼 길을 걸었더니 발등에 물집이 잡혔다. 점점 걷기가 불편해지더니 으악, 물집이 터져버렸다. 윽, 쓰라려. 결국 슬리퍼를 벗어서 한 손에 들고 딱딱한 아스팔트 길을 터벅터벅 걷기 시작했다. 올 때는 가깝게 느껴졌던 길이 돌아가려니 왜 이렇게 멀게만 느껴지는지.

지금까지 30여 분 정도밖에 안 있었던 것 같은데 시계를 보니 2시간이 훌쩍 넘

게스트하우스에서 제공하는 아침 식사

어 있었다. 배가 너무 고픈 나머지 숙소에 도착하자마자 손도 씻지 않고 아침 식사를 부탁했다. 흙이 묻은 손으로 허겁지겁 빵을 집어 버터를 발라 먹고, 잼을 발라 먹고, 우걱우걱 눈에 보이는 대로 입안에 쑤셔 넣었다. 먹을 것이 들어가니 속상한 마음이 조금 누그러지는 듯했다. 역시 먹는 것이 남는 것이여!

멋진 곳을 추천해주세요

식사를 마치고 방으로 들어오니 혼자와 미샤가 일어나 있었다.
"킴, 일출 어땠어?"
"파고다에 올라가지도 못하고 완전 망했어."
"저런, 못 봤구나?"
"대신 열기구 뜨는 거 보고 위안 삼았지."

점심시간에 올드버간에 있는 레스토랑에서 둘과 만나기로 약속한 뒤 자전거를 빌려 숙소를 나섰다. 다음으로 향한 곳은 '떼자히 파고다'. 사설 환전소에서 추천을 받은 곳이었다. 파고다 위에 올라가 내려다본 광경은 아래에서는 상상할 수 없는

 멋진 모습이었다. 분명 '금'이 아닌 '벽돌'로 지었는데도 뙤약볕 아래 파고다들은 찬란하게 빛나고 있었다. 듬성듬성 놓여 있는 파고다들 사이로 시야를 옮기자 지금껏 어디서도 보지 못한 광경이 눈앞에 펼쳐졌다. 대체 어디서 시선을 거두어야 할지 모를 정도로 끝없이 늘어선 불탑들. 네모난 사각 프레임 안에는 담기지 않는 풍경을 눈으로, 가슴으로 담아보았다. 그저 무엇을 보고 있다는 그 자체로도 감동이 인다는 것, 그것은 '축복'이었다.
 떼자히 파고다에서 그림을 파는 '수나이'를 만났다. 그와 한참 이야기를 하며 시

덥잖은 장난도 치고 놀았다. 다른 곳으로 이동하기 위해 파고다에서 내려오는데 수나이가 나더러 한쪽으로 가잔다. 그러고는 그림이 담긴 두루마리를 내 앞에 쫙 펼쳤다.

"아나바대, 아나바대(미안해)."

거듭 거절하려니 미안한 마음마저 들었다. 내가 그림을 사지 않겠다고 했음에도 수나이는 여전히 친절하게 대해줬다. 그에게 여기서 가깝고 멋진 파고다를 하나 추천해달라고 했다. 파고다가 너무 많기도 하거니와 론리플래닛 지도를 봐도 정확한 위치를 알기 어려웠다. 게다가 자전거로 혼자 구경하고 있으니 누군가에게 물어보지 않는 이상은 뭐가 뭔지도 모르겠고……. 그래서 파고다를 떠날 때마다 그곳에서 만난 사람들에게 근처의 멋진 곳을 추천해달라고 하며 일정을 만들어 나가고 있었다.

"아난다가 멋져."

"아난다?"

수나이의 말을 듣고 아난다 파고다를 향해 자전거 페달을 밟았다. 버간에서 가장 성스럽고, 보존이 잘 되어 있는 파고다로 꼽히는 아난다. 뾰족한 꼭대기가 황금색으로 빛나고 있어 멀리서도 눈에 띄었다.

내부에 들어서서 커다란 금 불상을 구경하는데, 불상보다 그 바로 앞에서

미얀마 얼짱 꼬마

프랑스에서 여행 온 꼬마와 파고다 앞에서 물건을 팔던 미얀마 꼬마.
같이 어울려 노는 모습이 어찌나 예뻐 보이던지!

사진 찍는 여행객과 기도하는 미얀마 사람의 모습이 더 눈에 들어왔다. 고개를 빳빳이 위로 들고 팔을 쭉 뻗어 부처의 얼굴을 카메라에 담던 백인 아주머니. 그리고 바로 뒤에서 조용히 눈을 감고 두 손을 모아 경건하게 기도를 드리고 있는 현지인. 그는 어쩌면 아주 애절하고 절박한 기도를 드리고 있는지도 모를 일인데, 둘의 모습이 사뭇 대조적이었다.

  파고다를 비롯한 여러 유적지가 집중된 올드버간에서 고작 두 시간을 보냈을 뿐인데 다들 점점 똑같아 보이기 시작했다. 역시 사람은 어쩔 수 없는 적응의 동물이구나. 또 다른 파고다를 찾으려다가 다 비슷비슷해 보여서 차라리 에야와디 강가로 가는 게 낫겠다는 판단이 섰다.

  에야와디 강은 만달레이에서 타고 온 슬로보트가 다니는 곳. 강가에선 젊은 아

낙들이 머리 위에 자갈이 가득 담긴 바구니를 짊어지고 있었다. 꽤 무거워 보였지만 조금도 휘청거리지 않고 모두들 능숙하게 자갈을 날랐다. 가만히 먼발치에 서서 이들을 바라보는데, 왜 이렇게 마음 한쪽이 아려오는 걸까. 나이도 고작 이십대 초반밖에 안 되어 보이는데, 이런 힘든 일을 하고 있다니. 여느 미얀마 사람들과는 달리 유독 어두운 표정을 하고 있던 그녀들. 다시 발걸음을 돌리는데도 자꾸 아낙들에게 시선이 향한다.

자전거를 돌려 길을 오르다가 미얀마 소녀들을 만났다.
"안녕하세요."
이번에는 '밍글라바'라는 말없이 한국어로만 인사해보았는데,

우연히 방문하게 된 학교

바로 '안녕하세요' 하고 답이 왔다. 소녀들은 호기심 가득한 눈으로 내 주위를 둘러 쌌다. 나는 또 톱스타가 된 기분을 느꼈다.

"어디 가는 길이니?"

"학교에 가고 있어요."

소녀들은 저마다 손에 스케치북을 들고 있었다.

"무슨 공부해? 미술 공부?"

"네. 저기가 우리 학교예요."

"고등학교야?"

"아니요. 전문학교예요."

"너희들 몇 살이야?"

"열여덟 살이요."

대나무로 수공예품을 만드는 수업 중인 학생(왼쪽)과 디자인 수업 중인 학생의 작품

"난 스물한 살." (으하하, 이런 뻥쟁이!)

소녀들은 내게 학교 구경을 시켜주겠다고 했다. 이 학교는 '칠기' 기술을 가르치는 전문학교인데, 학생들은 이곳에서 기술을 배워 사회로 나간다고 했다. 교실 안으로 들어가니 대나무로 수공예품을 만드는 수업이 진행되고 있었다.

"밍글라바! 안녕하세요!"

나는 교탁 앞에 서서 선생님과 학생들에게 인사를 하고 양해를 구했다. 일단 이들이 내게 품은 경계심을 풀 방법이 필요했다.

"선생님, 참 '구준표' 닮으셨네요. 호호호!"

나이 지긋한 선생님에게 구준표를 닮았다는 농담을 던지자 몇몇 학생들은 쓰러

"꼭꼭 숨어라. 머리카락 보인다!"

지고, 몇몇 학생들은 야유(?)를 보낸다. 한창 수업 중이라 방해가 됐을 법한데도 수업에 참관하게 해주시니 어찌나 미안하면서도 감사하던지.

학생들은 계속 나를 인도하며 다른 교실도 구경시켜 주었다. 이번에는 디자인 수업을 하는 곳에 들어갔다. 선생님은 어딜 가셨는지 보이지 않았고, 학생들은 디자인을 하느라 다들 집중해 있었다.

"얘들아, 안녕?"

교실 안으로 들어서자 여기저기서 소곤소곤 대는 소리가 들리면서 일순간 정적이 깨졌다. 코리야에서 온 이상한 여자가 느닷없이 교실에 들어오니 다들 당황한 것 같았다. 그런데 학생들은 미동도 없이 다시 디자인하는 데에 열중한다. 알고 보니 다들 과제를 하고 있었던 것. 하아, 이런 민망할 데가……

내 남자친구는 구준표

학교 구경을 시켜주던 학생들이 수업에 들어갈 시간이 되어 작별인사를 나누고 나는 다시 자전거에 올랐다. 아침부터 내내 자전거를 타고 땡볕 아래를 달렸더니 정수리가 뜨거웠다. 마침 큰 나무 아래 벤치가 하나 보여 그곳에 앉아 쉬고 있었다. 그때 저기 멀리서 한 아주머니가 나를 부른다. (하아, 이놈의 인기란!)

"이리 와 봐요!"

아주머니의 이름은 멈무.

"구준표 알지?"

"네, 알죠."

"구준표가 내 남자친구야. 하하하!"

"네? 아주머니 남자친구가 구준표라구요? 으하하하!"

나는 웃는 얼굴을 거두곤 일부러 정색하면서 말했다.

"엥? 구준표는 제 남자친군데요?"

그랬더니 아주머니는 더욱더 강하게 주장했다.

"아니야. 구준표는 내 남자친구라니까!"

"아니거든요! 제 남자친군데 왜 그러세요?"

"거참, 내 남자친구라니까 그러네?"

"구준표, 나 몰래 미얀마에 여자친구를 두다니! 바람둥이 아니야? 한국에 가면 때려줄 거예요!"

"하하하." (한국에서 저런 대화를 나눴다가는 정신 나간 여자라고 욕먹기 십상. 이게

다 미얀마이니 가능한 이야기이다!)

아주머니와 나의 대화를 옆에서 듣고 있던 아저씨가 한마디 했다.

"저기, 그러지 말고 내 여자친구 하는 게 어떠니?"

"좋아요! 나도 구준표 말고 미얀마 남자친구 둬야겠네요. 흥, 두고 봐. 구준표!"

나는 화가 난 척 씩씩거렸고, 그 모습을 보며 아주머니와 주변 사람들은 웃느라 쓰러지고 한바탕 난리가 났다.

구준표가 자신의 남자친구라고 우기던 '멈무'

구준표를 좋아한다는 멈무 아주머니에게 준비해간 구준표 사진을 한 장 건넸다. 그랬더니,

"오늘 밤에 잘 때 이 사진 안고 자야지."

"안 돼! 다시 내놔요!"

"싫은데?"

"하하하!"

어느덧 시간은 흘러 점심시간이 다가왔다. 서둘러 혼자와 미샤를 만나러 갔다. 레스토랑을 찾으려고 미얀마 사람들에게 길을 묻고 있었는데, 어디선가 익숙한 얼굴이 내 앞에 떡하니 나타났다.

혼자와 미샤

"엇, 혼자!"

"누군가 뒤에서 이 레스토랑 이름을 얘기하기에 킴인 줄 알았지! 하하하."

그들과 함께 레스토랑 의자에 착석하고 음식을 주문했다.

"저기에 뭐라고 적혀 있는지 한번 봐봐."

혼자가 가리킨 곳에는 '우리는 신선한 채소와 미네랄워터를 제공합니다' 라는 슬로건이 걸려 있었다.

동남아를 여행할 때는 '식수'에 주의하라는 이야기가 많은데, 그래서인지 이 식당에서는 '미네랄워터(생수)'를 제공한다고 떡하니 써 붙여 놓은 것이다. 그것을 본 우리는 미소 짓지 않을 수 없었다. '신선한 채소'와 '물'이라니, 어딘지 모르게 미얀

맛은 있었는데
이름이 기억나지 않는 음식

마 사람들 특유의 순박함과 귀여움이 고스란히 느껴졌달까.

갑자기 어제 슬로보트에서 있었던 일이 생각났다. 양치질을 하려고 사람들에게 '물이 어디 있느냐'고 묻는데, 친절하게도 한 미얀마 아주머니가 '싯누런 강가'에서 바로 물을 긷더니 내게 건넸다.

"아니에요. 괜찮아요."

그러곤 나는 뒤쪽에 안 보이는 구석으로 가서 미네랄워터로 이를 닦았다. 그녀의 친절을 사양한 채 파는 생수로 이를 닦는 것을 안다면 그녀가 상처받지 않을까 하는 마음에서였다. 슬로보트 내 식당 역시 강에서 퍼올린 물로 그릇을 씻고, 음식을 만들고, 마시기까지 하니 그 물로 양치질을 한다는 건 이들에겐 그리 꺼림칙한 일이 아닐 것이다. (미얀마 사람들은 강물을 퍼올린 뒤 침전물이 가라앉은 다음에 사용한다고 한다.) 미얀마 현지인들에게는 보통일이겠지만, 익숙하지 않은 여행객들은 장에 탈이 생길 수 있기 때문에 누군가 권하면 미안한 마음이 들더라도 완곡히 거절하는 것이 좋을 듯!

분노의 질주

식사를 마치고 오후 일정에 관해 얘기를 나눴다. 나는 딱히 일정을 정하지 않고 그때그때 가볼 만한 곳으로 이동하는 편이라 특별한 계획이 없었다.

"뭐할지 생각 안 해봤어. 이따가 일몰이나 볼 생각이야."

"우리는 지도에 있는 호수에 갈 생각인데, 괜찮다면 같이 갈래?"

"그래. 그럼 같이 가볼까?"

그렇게 해서 이들을 따라나섰다. 자전거를 타고 호수를 향해 한참을 달리다가 파고다가 하나 보이기에 그곳에 잠시 있다가 가기로 했다.

"오래전에는 이곳에 파고다가 17,000개 정도 있었대. 그런데 지진과 외세의 침략으로 다 파괴되고 지금은 2,000개 정도밖에 남아 있질 않대. 파고다를 짓는 이유는 신을 숭배하기 위해서인데, 다음 생에 좋게 태어나려고 하는 이유도 있어. 더 높이 지을수록 더 좋게 태어날 거란 믿음이 있었다나 봐."

"여긴 파고다가 엄청나게 많잖아. 그럼 이걸 한 사람당 하나씩 지은 거야?"

"아니. 여러 사람이 같이 만들었을걸."

미샤는 내게 버간에 관련된 이야기를 설명해주었다. 가이드가 따로 필요 없을 정도로 말이다. 물론 아는 이야기들도 더러 있었지만, 나는 처음 듣는 듯한 반응을 보이며 그녀의 이야기를 경청했다. (이런 얌체 같으니라구!)

파고다 위에서 바람을 쐬며 쉬다가 다시 호수를 향해 달리기로 했다. 새로운 길에 들어설 때마다 사람들에게 호수가 어딘지 물어보는데, 이럴 수가! 다들 하나같이 모른다고 한다.

자전거를 타고 버간을 누비는 중

한 마을을 지나가다 아이들이 나무 아래에 모여 공부하고 있는 모습이 보였다.

"여긴 학교인가요?"

"아뇨. 학원이에요."

어떤 아이들은 알파벳을 배우고 있었고, 또 다른 아이들은 지구와 태양이 그려진 책으로 과학을 배우고 있었다. 내가 한국에서 왔다고 하니 이번에도 톱스타가 된다. 이런 호사를 언제 또 누려보겠는가!

이번 여행 동안 미얀마 사람들이 한국인에게 많은 호감을 갖고 있다는 것을 느꼈다. 게다가 예쁘지도 않은 나를 보며 사람들은 약속이라도 한 듯 '초래(예쁘다)'를 연발했다! 매일 아침저녁으로 절찬리에 방영되는 한국드라마 덕에 단지 한국 사람이라는 이유만으로 이렇게 환영을 받는다. 실제로 미얀마에서 내가 경험한 한류는 열풍을 너머 광풍, 태풍, 그야말로 쓰나미급이었다.

"아줌마가 뭔데 우리 찍어요?"

아이들이 공부하는 영어책

빨간색이 잘 어울렸던 선생님

다시 발길을 돌려 호수를 향해 달리기 시작했다. 그러나 지도에 나와 있는 대로 가는데도 도무지 보이질 않았다.

"대체 호수는 어디 있는 거야?"

"몰라. 푸하하."

그때부터 우리는 '감'으로 움직였다. 수풀 사이를 헤치고, 모래밭을 헤치고, 가시밭을 헤치며 마치 서부 개척자라도 되는 것처럼. 그러나 결국, 호수는 찾을 수 없었다.

"어떡하지?"

"음, 그냥 일몰이나 보러 갈까?"

"어디로? 파고다 위로 올라갈까?"

"그게 좋겠어."

그런데 그 많던 파고다가 여기서는 아무리 찾아도 보이지 않는다. 올드버간에서 너무 멀리 와버린 것이다!

"이런, 파고다가 없어!"

"여기까지 오다니 우리 완전히 미친 것 같아."

"연필 뒤꽁무니 씹는 맛에 산다, 내가."

밭과 수풀을 헤치고 다닐 때 목격한 염소 떼

"미쳤어, 진짜. 하하하하하."

차라리 지금 서 있는 곳에 파고다를 하나 만드는 게 더 빠른 방법일 것 같았다. 결국 파고다를 찾지 못한 채 강가에서 일몰을 보기로 했으나, 강가에 도착하니 해는 이미 져버린 상태.

"아우, 해 다 졌다!"

"뭐니, 우리 대체 오늘 뭘 한 거야?"

"하하하. 그냥 미쳤지 뭐."

"킴, 그런데 사실 이런 일 우리한테는 흔히 있는 일이야."

강가에 도착하니 이미 해는 다 저물어버렸다.

"엥?"

"태국에서 해변가에 놀러갔을 때 자전거를 빌렸는데, 그때도 이랬거든."

"정말? 하하하."

앞서 달리던 미샤가 갑자기 멈춰 섰다.

"이런, 타이어가 펑크 난 거 같아!"

"오 마이 갓!"

미샤의 타이어를 보니 바람이 다 빠져 있었다. 혹시나 싶어 내 자전거 타이어를 만져보니 역시나 마찬가지다. 그것도 두 바퀴가 모두다!

"혼자, 너는 어때?"

"내 바퀴도 바람 빠졌어. 으으으."

호수를 찾는다고 온통 험한 길을 헤치며 다니다 보니 타이어에 가시가 박혀 바람이 다 빠져버린 것이다. 사람이 지나다니는 길가에 서서 타이어에 바람을 넣을 수 있는 방법이 없는지 물어보니 한 사람을 불러주었다. 그의 말에 따르면 바퀴 두 개는 구멍이 너무 많아서 아예 교체해야 하고, 하나는 구멍이 여섯 개, 또 하나는 일곱 개가 났단다. 타이어 하나를 교체하는 데는 2,000짯. 자전거 한 대를 빌리는 데 1,500짯인데, 타이어 양쪽을 교체하려니 4,000짯이 든다! 배보다 배꼽이 더 큰 격이었다.

"으하하, 이거 뭐냐 진짜. 푸하하하."

신기하게도 이런 상황에서 화가 나거나 짜증이 난 사람은 아무도 없었다. 서로 괜찮으냐고 물으며 웃기에 바빴다.

시간은 흘러 어느덧 8시를 가리키고 있었다. 아직 저녁 식사를 하지 못한 우리는 근처의 한 로컬 식당에 들어갔다. 이미 테이블 정리를 마친 상태라 밥을 먹을 수 없느냐고 주인아저씨에게 물었더니 특별히 우리를 위해 자리를 마련해주었다.

음식을 주문하고 손을 씻으러 가다가 우연히 부엌을 보게 됐는데, 오 마이 갓! 주인아주머니 혼자 우리가 주문한 음식(요리 5접시, 음료 3잔)을 만들고 있는 중이었다. 우리는 지금 거의 7시간을 굶은 데다 자전거를 타느라 에너지도 모두 소진한 상태이거늘.

"음식 나오는 데 1시간은 걸릴 거 같아."

무척이나 친절했던
'SAN THI DAR' 레스토랑 주인 내외

"배고파 쓰러지겠어. 테이블이라도 씹어 먹을까?"

아니나 다를까 정말 1시간 뒤부터 음식이 나오기 시작했다. 아사 직전이던 우리는 음식이 코로 들어가는지 입으로 들어가는지도 모를 정도로 먹어댔다. 먹고 또 먹다가 서서히 배가 불러와 수저를 놓았는데 아직도 그릇에는 음식이 많이 남아 있었다. 다들 굶주린 하이에나처럼 달려들었는데도 그 정도이니 양이 어떤지 짐작이나 갈는지!

다 고친 자전거를 이끌고 숙소로 향했다. 주위가 무척 깜깜해서 한 손으로 핸드폰 플래시를 켜고 있어야 겨우 앞으로 나갈 수 있었다. 자전거를 타고 달리며 밤하늘을 바라보았다. 별이 어찌나 많은지 온통 내게로 쏟아지는 것 같았다. 마음 같아선 두 팔을 벌리고 고개를 위로 젖혀 별들을 감상하고 싶었지만, 그랬다간 여행

이 이쯤에서 끝나겠지? 아스팔트 길이지만 온천지가 울퉁불퉁 패여 있고, 주변이 너무 어두워 손전등이 없으면 어디에 처박힐지 모를 일이었다.

'SAN THI DAR' 레스토랑에서 먹었던 볶음국수.
양도 많은데다 맛까지 끝내준다.

힘든 여정을 마치고 마침내 호텔에 도착. 양말을 벗는데 아침에 물집이 잡힌 자리가 양말에 딱 달라붙어 있었다.

"으악, 엄청 아프다!"

미샤가 내게 바르는 약을 건네주었다. 그리고 내 발 상태를 보려고 다가오는데 윽, 안 돼!

"발 냄새나니까 오지 마!"

"우웩……."

"푸하하."

삽질의 연속이었던 버간에서의 첫날은 그렇게 저물어 갔다.

세상에서 가장 가슴 따뜻한 일출

오늘은 혼자, 미샤와 함께 일출을 보러 가기로 했다. 아침 일찍 숙소를 나서는데 호텔 스탭 아저씨가 우리를 불러 세웠다. 그러곤 일출 보러 가길 원하는 사람이 있는데 합류해도 되겠느냐고 물었다. 물론이죠! 그렇게 해서 캐나다에서 온 제니도 함께 일출을 보러 나섰다. 스탭 아저씨가 맨 앞에서 오토바이를 타고 앞서 나가면, 우리는 자전거를 타고 그 뒤를 졸졸 따라갔다. 이윽고 도착한 '부레디 파고다'. 여기서 조금만 기다리면 해가 뜬단다.

일출을 기다리며 제니와 이야기를 나누었는데, 그녀는 이누이트족을 상대로 하는 병원에서 간호사로 일하고 있다고 했다. 그녀는 가지고 온 만다린을 꺼내서 우리에게 주고, 옆에서 그림 파는 아저씨에게도 나눠주는 정이 넘치는 사람이었다. 제니는 남자친구와 함께 여행을 다니다 그를 먼저 캐나다로 보내고 지금은 혼자서 여행한다고 했다.

"킴, 너 진짜 이름은 뭐야?"

"김현미. 근데 발음하기 어려워서 그냥 '킴'이라고 해."

"김현미? 음, 발음하기 쉬운데?"

"정말? 어렵지 않아?"

"안 어려워. '김 Yummy'라고 들리거든. 하하하!"

'Yummy' 그러니까 '냠냠 쩝쩝' '맛있다'는 뜻을 가진 이 단어가 내 이름과 비슷하게 들린다는 거지? 여미 여미 여미 여미…… 하하하.

이번엔 혼자가 사진을 찍기 위해 이동하다가 철봉에 머리를 부딪쳤다.

"괜찮아?"

"물론이지."

"아니, 너 말고 철봉 말이야. 철봉 괜찮냐고!"

"푸하하, 철봉도 괜찮대."

담요 위에 앉아 도란도란 얘기를 나누며 시간을 보내다 보니 어느새 해가 떠오르려 한다. 드디어 보게 되는 일출. 파고다 사이로 꿈틀거리며 올라오는 태양을 바라보고 있노라니 가슴이 뭉클하면서도 따뜻해졌다. 좋은 친구들과 함께 봐서인지 아니면 착한 나라, 착한 사람들이 사는 곳에서 봐서 그런지 몰라도 지금껏 본 것 중 가장 가슴 따뜻한 일출이었다.

론지(미얀마 전통 의상으로 남녀 모두 입는 긴 치마)를 파는 소녀가 우리에게 다가왔다. 그녀의 이름은 '또또에'. 열여덟 살인 또또에는 이 파고다에서 일한 지 2년째라고 했다. 그러나 원래 꿈은 디자이너라고. 또또에가 돈이 없어 학교에 가지 못할 것 같다고 하자 옆에 있던 혼자가 거들길,

"네 꿈을 포기하지 마. 아마 1년 뒤에 내가 다시 이곳에 오면 너를 못 보게 될 것 같은데?"

또또에가 무슨 말이냐고 되물으니, 그때쯤이면 학교에서 디자인 공부를 하고 있을 테니 못 보게 될 것 같다는 뜻이었다고 설명해주었다. 말 한마디라도 어쩜 저렇게 센스 있게 할 수 있을까. '아름다운 청년'이라는 말이 정말 딱 어울리는 혼자.

마시옵다면, 돈 내지 마세요

제니는 혼자 시내 구경을 하러 떠나고 우리 셋은 숙소에 남아 한가로운 시간을 보냈다. 나는 방에 있던 우쿨렐레를 가지고 나와 노래를 하기 시작했다. 지나가던 미얀마 사람들이 한 번씩 쳐다보고, 여행객들도 쳐다본다. 그래, 오늘은 우쿨렐레를 들고 해 질 무렵 파고다 위에서 노래해야지. 혼자는 날 응원하며 동영상과 사진을 찍어주겠다고 했다.

점심 무렵이 되어 혼자, 미샤와 함께 인도 음식을 파는 레스토랑에 갔다. (채식주의자인 혼자와 미샤는 특히 인도 음식을 좋아했다.)

"우리 올해 6~7월쯤에 결혼해."

"어머, 정말이야? 축하해!"

우리가 머물렀던 Winners Guest House 전경

"고마워, 우리 결혼식 때 킴이 와줬으면 좋겠어."

그래, 앞으로 넉 달 동안 하루에 두 끼를 눈물 젖은 삼각김밥으로 때우면 가능할지도 모르겠다. 혼자와 미샤는 결혼식뿐 아니라 언제든 프라하에 오면 재워줄 테니 꼭 와달라고 했다.

식사를 마치고 계산을 하려고 하는데 종업원이 'No good, No pay'라고 써진 종이를 불쑥 내민다. 종이를 가만 들여다보니 'No good, No pay'가 세계 각국어로 적혀 있었다. 그런데 아무리 찾아도 한국어는 보이지 않았다.

"한국어는 없네요?"

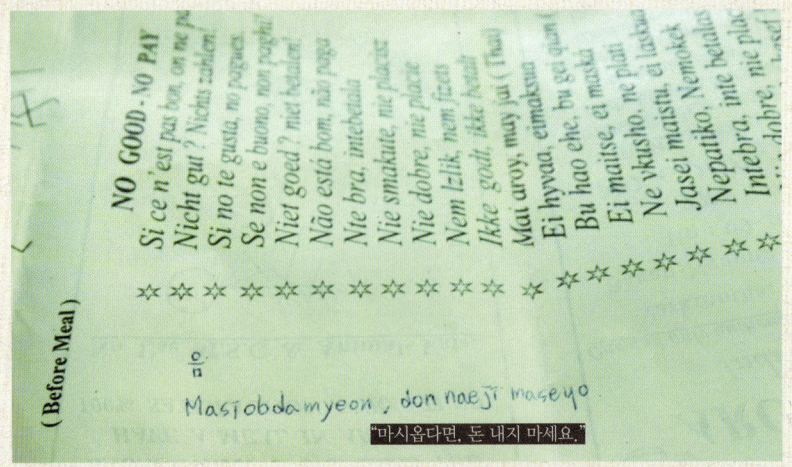

"그럼 여기에 한국어로 써주세요."

그래서 고민 끝에 다음과 같은 문장을 완성했다.

"Masiobdamyeon, donnaejimaseyo(마시옵다면, 돈 내지 마세요)."

그는 다음번에 인쇄할 땐 한국어 버전을 꼭 넣겠다고 약속했다. 하하하!

자리를 옮기려는데 배에서 갑자기 신호가 왔다. 오늘만 벌써 세 번째. 아까 숙소에서 큰 항아리에 담긴 물을 마셨는데 그 일 때문인 것 같았다.

"혼자, 나 장에 이상이 있는 것 같아."

"미안해. 괜히 우리가 인도 레스토랑 가자고 해서."

"아니야. 아침에 호텔에서 마신 물 때문에 그런 것 같아."

혼자가 아프리카를 여행했을 때 이야기를 해준 적이 있는데, 그때 가축들이 마시던 흙탕물을 그대로 마셨는데도 아무런 탈이 없었다고 했다. 미얀마에서도 가끔 항아리에 떠놓은 물을 마시는데 전혀 문제가 없다고. 그 말을 듣고 나 역시 실천에 옮겼건만, 내 장을 너무 과신했나 보다. 그렇게 '금빛 찬란한' 큰일을 세 번째로 치르고 나서, 우리는 '금빛 찬란한' 쉐지공 파고다로 향했다.

감추지 않아도 되는 것

쉐지공 파고다는 '황금 모래 언덕'이라는 뜻으로, 미얀마 파고다의 어머니와 같은 존재라고 한다. 이 파고다는 벽돌로 만들어진 여느 파고다들과는 달리 사암으로 만들어진 것이 특징인데, 그 위에 금박을 입혀 지금과 같은 황금빛의 파고다로 다시 태어났다고 한다. 파고다 안으로 들어서니 금빛 대탑과 호화로운 장식들이 보는 사람을 압도했다.

우리는 파고다 아래 그늘에 앉아서 또 이야기를 나누었다. 교육, 봉급, 생활, 요리 등 화제를 다양하게 바꿔가면서. 그러다 정치에 관한 이야기가 나왔다. 나는 국회의원들이 몸싸움하는 게 생각나서 말했다.

"한국 국회의원들은 가끔 몸싸움도 해. 얼굴에다가 뭘 던지기도 하고."

"헉, 그러고 보니 뉴스에서 본 적 있어."

"응? 그게 무슨 소리야?"

"체코 TV 뉴스에서 한국 국회의원들이 몸싸움하는 걸 본 적이 있거든."

"으악, 국제적인 망신이다!"

"근데 사실 체코 국회의원들도 아주 가끔 몸싸움을 해."

쉐지공 파고다.
거대한 금빛 탑이 보는 사람을 압도시킨다.

"어떻게 하는데?"

"누가 한 명이 연설을 하면 뒤에 가서 뒤통수를 후려치지. 이렇게!"

라며 혼자가 제대로 한번 보여준다. 하하하.

"킴, 한국에서는 사람들이 키스나 애정 표현 하는 것을 어떻게 생각해?"

"길거리에서 하는 거 말이야?"

"응. 공개적인 장소에서."

"음, 젊은 사람 중에는 가끔 그런 사람들이 있는데 그런 모습을 좋게 생각하지는 않아. 뭐, 자기들끼리만 좋지."

"왜?"

"한국 사회는 보수적이거든. 어르신들은 그런 거 보면 얼굴 찌푸리셔."

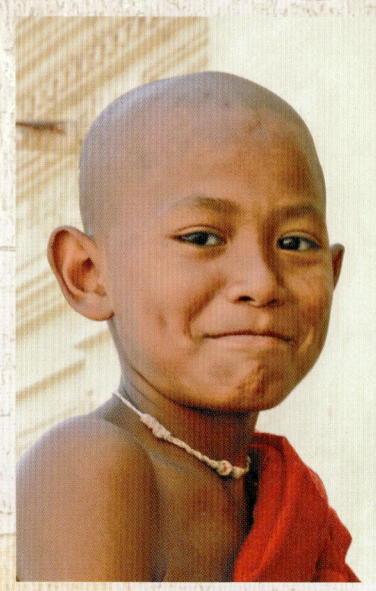
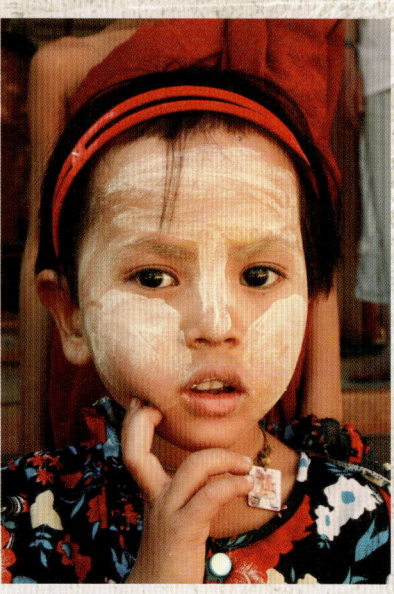

"이해가 안 가. 우리는 드러내거든. 왜냐하면 서로 사랑하니까! 서로 사랑해서 표현하는 건데……."

"문화가 달라서이지 않을까?"

"왜 사람들은 총 쏘고 전쟁하는 '나쁜 것'은 드러내면서, 사랑하고 사랑받는 '좋은 것'은 감추려 하는지 모르겠어."

뜻밖의 환호성

서서히 일몰 시간이 가까워져 이동하기로 했다.

"킴, 어느 파고다로 갈까?"

"어제오늘 총 네 곳의 파고다에 올라가 봤는데, 어제 간 파고다 있지? 거기가 제일 나은 것 같아. 그런데 '쉐산도 파고다'도 일몰로 유명하다네."

"그럼 쉐산도로 갈까?"

"그래, 가보자."

자전거를 타고 한참을 달려 쉐산도 파고다 앞에 도착했다. 그곳에는 사람들이 이미 빼곡히 들어서 있었다. 파고다 위로 올라가니 아래에서 볼 때보다 사람들이

"우쿨렐레를 메고, 쏭쏭~"

쉐산도 파고다에 올라
일몰을 기다리는 사람들

더 많았다. 관광버스들도 계속해서 들어오고, 무엇보다 우쿨렐레를 연주할 수 있는 분위기가 아니었다.

"킴의 연주를 들으려면 여기는 좀 그렇다. 다른 데로 옮기는 게 낫겠어."

"그럼 어제 갔던 파고다 어때?"

"좋아!"

해 지기까지 15분을 남겨두고 우리는 서둘러 '민예공 파고다'로 이동했다. 파고다 위로 올라가 자리를 잡고 우쿨렐레를 꺼내 들었다. 주위에는 20~30명 정도의 사람들이 있었다. 혼자와 미샤는 기대에 가득 찬 눈빛으로 나를 바라보았다. 조율은 안 되어 있고, 큰일이네!

일단 신나게 줄을 한 번 드르륵 긁고 노래를 하기 시작했다. 첫 곡은 Eagles의 〈Hotel California〉.

"On a dark desert highway, cool wind in my hair……."

그러자 아래층에 있던 사람들이 내가 앉은 곳 바로 밑으로 바짝 모여들었다. 그리고 카메라를 꺼내 들더니 나를 사정없이 찍기 시작했다. 어떤 사람은 동영상까지 찍는다.

'아니, 지금 이 분위기는 뭐지? 저 사람은 엄지손가락까지 치켜세워주네. 대체 이런 상황, 어떻게 받아들여야 하는 거지?'

노래를 마치자 깜짝 놀라지 않을 수 없었다. 혼자와 미샤는 행복한 표정을 지으며 내게 따뜻한 눈빛을 보내고 있었고, 주위 사람들은 박수를 아끼지 않았다. 어디선가 '브라보' 하는 소리도 크게 들렸다. 노래할 생각만 했지 사람들이 환호해주리라고는 전혀 생각도 못했는데!

"킴, 이번엔 한국 노래 불러줘."

그래서 이번에는 〈동경소녀〉를 불렀다. 역시나 박수갈채가 쏟아졌다. 혼자는 모자를 꺼내더니 내 앞에 놓아주었다. 하하하, 어디 한 푼 벌어볼까?

무사히 공연을 마치고 자리에서 일어나니 몇몇 사람들이 다가와 말을 건넨다.

"정말 잘 들었어요."

"고맙습니다. 어디서 오셨어요?"

"캐나다에서 왔어요."

"저는 한국에서 왔어요. 튜너도 잃어버리고 엉망으로 연주했는데, 정말 고맙습니다."

민예공 파고다에서 내려다본 전경

"〈Hotel California〉는 내가 제일 좋아하는 곡인데, 어린 친구가 그 노래를 부르니 무척 반가웠어요."

"저도 그 노래를 굉장히 좋아하거든요."

"내가 아주 어렸을 때 듣던 노래예요. 덕분에 옛날 기억도 떠오르고……. 노래 고마워요."

아, 이렇게 훈훈할 데가! 들어주셔서 감사하다고 엎드려 절해도 모자를 판인데. 이번에는 다른 분이 또 말을 건넨다.

"〈Hotel California〉를 연주할 때 깜짝 놀랐어요. 정말 좋아하는 곡이거든요."

"어머 그러셨어요?"

"덕분에 일몰 구경하면서 좋은 노래도 듣고 매우 즐거웠답니다. 좋은 추억을 만들어줘서 고마워요."

"제가 더 고맙죠. 서투른데도 들어주셔서 고맙습니다."

혼자와 미샤도 어찌나 칭찬을 해주는지. 고마워, 친구들아! 고마워요, 모두들!

'마얀빠웅'. 매우 시고 짠맛이 난다. 미얀마 사람들은 TV를 볼 때 이것을 간식으로 즐겨 먹는다고 한다.

숙소에 돌아오니 주인아주머니인 '산산'이 나와 있었다. 나를 볼 때마다 한국드라마를 무척 좋아한다고 말하는 산산. 특히 구준표 얘기가 나오면 입가에 미소가 한가득이다. 그녀는 '마얀빠웅'이라고 하는 말린 과일을 내게 보여주며 손으로 뭔가를 가리킨다. 글쎄, 그녀가 가리킨 곳에는 구준표 사진이 인쇄되어 있었다. 그 모습을 보니 선물로 가져온 구준표 사진이 생각나 한 장 드렸다. 사진을 받고 얼마나 좋아하시던지!

내일 껄로에 들어가려면 새벽 4시에 출발하는 버스를 타야 했기에 혼자, 미샤와 미리 작별인사를 해야 했다.

"킴, 언제든 프라하에 놀러 와!"

그리고 이어지는 진한 포옹. 너희들과 버간에서 함께한 시간 너무 소중했어. 잊지 못할 거야! 이제 버간과도 이만 헤어질 시간이구나. 여기서 만난 모든 소중한 인연들. 밍글라바, 그리고 쩨주 띤 바데.

껄로 Kalaw

걷고, 걷고
또 걷고

내 눈을 사로잡은 건

껠로로 가는 버스를 타기 위해 꼭두새벽부터 움직였다. 눈을 뜨고는 있지만 잠을 2시간밖에 못 자 비몽사몽인 상태. 새벽에 출발하는 나를 위해 숙소에서는 아침 식사를 준비해주었다. 식빵 3조각과 바나나 3개뿐이었지만 챙겨주는 것만으로도 어딘가, 쩨주 띤 바대!

드디어 버스가 숙소 앞에 도착했다. 일찍 예약하지 않은 탓에 나는 버스 가운데 통로 자리에 앉아 가야 했다. 어제 호텔 주인이 버스를 예약해주며, 자리가 다 찼으니 통로에 놓인 '작은 의자'에 앉아서 가야 한다고 알려주었다. 그런데 세상에나, 실제로 보니 그 의자는 편의점에서나 볼 수 있는 등받이 없는 플라스틱 의자였다.

버스에 올라타자 차장이 친절하게 내 짐을 선반에 다 올려주고, 의자까지 마련해준다. 윽, 정말 여기 앉아서 '9시간'을 가야 하는 건가? 그러나 운 좋게도 예약을 취소한 사람이 생겨 일반 좌석에 앉아갈 수 있었다.

버스는 앞뒷문을 계속 열어놓은 채 달렸고, 먼지란 먼지는 그대로 다 들이마셔야 했다. 버스는 마을버스와 시내버스의 중간 정도 되는 크기였는데, 승객이 무려 39명이나 타 있었다. 그리고 가운데 놓인, 보기만 해도 끔찍한 간이 의자에는 사람들이 꽉 들어차 있었다. 맨 앞좌석에 앉은 탓에 발을 전혀 뻗을 수 없었지만, 간이

껄로의 메인로드

의자보다는 훨씬 나은 상황이었다.

   버스가 첫 번째 휴게소에서 멈춰 섰다. 나는 프랑스 여자들이 모여 있는 자리에 합석했다.

"미얀마에 프랑스 여행객들 진짜 많더라."

"나도 왜 많은지 모르겠어."

"가는 곳마다 프랑스 사람들이 항상 있어."

"맞아. 왜 이렇게 많은지 참."

"그건 그렇고, 여행은 어때?"

"우린 여행 5일째인데 야간이동을 세 번하고 호텔에서 두 번 잤어."

"미친 스케줄인데? 괜찮은 거야?"

"응. 괜찮아. 여행 기간이 짧아서 그래."

휴식을 끝낸 뒤 다시 버스에 올라탔다. 프랑스 여자들이 버스에서 본 경치가 멋있다기에 기대하고 있었는데, 내 눈을 사로잡은 건 경치가 아닌 다른 것들이었다. 먼지로 가득한 비포장도로, 아스팔트로 포장이 되어 있어도 곳곳이 패어서 울퉁불퉁한 길, 사람과 짐들로 가득 찬 트럭, 내가 탄 버스가 지나가면 신기한 듯 구경하는 아이들. 이 낯설고 진기한 풍경들이 왜 이렇게 따스한 걸까.

곯아떨어졌다가 휴게소에서 잠시 깼다가 버스에 올라타자마자 다시 또 곯아떨어지길 몇 차례. 그렇게 9시간이 걸려 껄로에 도착했다. 만약 계속 깨어 있었다면 지겨울 수도 있겠지만, 내내 잠에 곯아떨어진 터라 지겨울 겨를이 없었다!

로컬과 어울리는 방법

껄로에도 숙소 예약을 하지 않고 왔기 때문에 바로 숙소부터 구하러 다녀야 했다. 몇 군데 돌아다니다가 결국 소문이 안 좋은 곳에 묵게 되었다. 걱정은 되었지만 아침 식사를 포함해 하루에 3달러밖에 되지 않아 가격의 유혹을 쉽게 뿌리칠 수 없었다.

짐을 풀고 간단히 씻고 난 다음 마을 구경을 하러 나섰다. 역시 로컬들과 어울리는 게 최고지! 버스정류장 근처에 모인 사람들에게 인사하며 다가갔다. 슬쩍 장난을 한번 쳐볼까? 역시 이번에도 언제 어디서나 빠지지 않는 구준표 놀이.

"미얀마의 '구준표'와 함께."

"전 금잔디예요."

"어라? 난 구준표인데?"

"어? 지금 여기서 뭐하는 거예요? 연락도 없이 미얀마에 오다니!"

"하하하."

발걸음을 옮길 때마다 가장 분주한 건 다름 아닌 내 고개였다. 그냥 지나만 가도 사람들이 다들 쳐다보기 때문에 자동으로 인사를 하게 됐다.

"밍글라바. 안녕하세요." (한국어로도 같이 인사하면 사람들이 무척 호감을 보인다.)

시장 깊숙한 곳으로 발걸음을 옮겼다. 역시 여기저기 인사를 하며 가는데, 한 아주머니께서 대뜸 구준표를 좋아한다고 말했다. 역시 또 그냥 지나칠 수 없지. 이번에도 내가 구준표의 여자친구라고 소개했더니 주변에서 웃고 난리가 났다. 그러자 아주머니는 갑자기 마음을 바꾸곤 '윤지후(《꽃보다 남자》에서 김현중)'를 좋아한다고 했다.

"그럼 구준표 두고 안 싸워도 되겠네요. 하하하."

그 아주머니의 이름은 '딴딴'. 시장에서 건어물, 채소 등을 팔고 있었다. 그녀는 한국어도 조금 할 줄 알았다. 한국어로 '언니, 오빠'를 알고 있어서 며칠 전에 배운 미얀마어로 '엄마(언니), 어쿠(오빠)'라고 받아치니 또다시 분위기가 훈훈해졌다. 이들과 어울리려고 내 나름대로 노력을 기울이기도 하지만, 때로는 그런 내 마음을 아는지 그분들이 먼저 다가온다. 정말이지 사랑스러운 사람들!

앞서 말했듯이 미얀마 사람들은 사진을 찍을 때는 항상 경직되어 있다. 평소에는 그렇게나 잘 웃는 사람들이 말이다. 그럴 땐,

"흠, 저 그럼 사진 안 찍을 거예요!"

하고 뾰로통한 표정으로 씩씩대면 다들 웃고 박장대소한다. 그리고 사람들이 취한 자세나 표정을 따라 하면 역시 또 웃느라 정신이 없다. 내 행동 하나하나에 호

기심을 보이며, 주위로 모여드는 사람들. 그들의 순수한 미소에 반하고, 순박함에 마음이 따뜻해진다. 또 만나는 사람마다 나더러 '초래, 나래(예쁘다)'라고 하는데, 하도 많이 듣다 보니 이제는 '정말인가?' 하고 헷갈리기까지 한다! (하하하, 정신병이 다시 도지려나?)

 로컬들과 어울리는 방법은 간단하다. 첫째, 지나가다가 인사한다. 둘째, 한국에서 왔다고 한다. 셋째, 그렇게 있으면 된다. 너무 간단한가? 몇 가지 팁을 더 알려주자면, 장난을 치거나 유머러스한 분위기를 마련하는 것이다. 그들의 표정을 따라 하거나, 나를 따라 해보라고 하거나, 토라진 척하는 등의 오버액션을 취하면 게임 끝!

1 "푸쳐핸썹!"
2~3 길거리에서 파는 튀김 하나 맛볼까?"
4 그릇 한 가득 담겨 있는 꼬치들

169

여행의 진정한 의미

　재미있는 시간을 보내다가도 내일 일정을 생각하니 갑갑해졌다. 처음 일정을 짤 때는 트레킹을 하려고 마음먹었는데 여행을 하다 보니 생각이 바뀐 것이다. 낮에는 너무 더워 돌아다니기 힘들고, 밤에는 너무 추워서 움직이기 어려웠다. (정말 정말 춥다!) 로컬들은 아침저녁으로 두꺼운 겨울 외투를 꺼내 입지만, 이곳 기후를 잘 모르는 여행객들은 감기에 많이 걸린다. 열대지방이라 밤에도 겨울은 더울 줄 알기 때문이다. 아무튼 일정으로 골머리를 앓느라 머리가 욱신욱신했다. 에구, 모르겠다. 내일 일은 내일 걱정하자!

　저녁을 먹기 전에 잠깐 숙소로 돌아왔다. 테라스에 나와 쉬고 있는데 누군가 다가온다. 그는 프랑스에서 온 '줄리앙'.

　"프랑스 사람을 여기서 또 보네? 미얀마에 진짜 프랑스인들이 많이 오는구나!"

　"나도 모르겠어. 우리나라에서는 아무도 미얀마 여행에 관해 이야기하지 않는데 말이야."

　"오늘 오다가 프랑스 여자애들을 휴게소에서 만났는데, 다들 여기 멋지다고 난리더라."

　"프랑스 여자들은 자기들과 조금만 달라도 '멋지다'는 말을 남발해."

　"그래?"

　인사를 트고 한참 대화를 나누다 보니 어느새 진지한 화제로 이야기를 하고 있었다.

　"한 미얀마 소녀를 만났는데 머리를 염색했더라구. 서양인의 금발이 부러웠나

"자, 팔짱 끼고 도도하게!"   "그건 내 전문이지."

봐. 왜 그런 걸 부러워하지? 사실 난 잘 이해가 안 가. 아시아인이 가진 개성을 버리고 왜 서양인을 따라 하려는지 모르겠어."

그의 이야기를 듣는데 '혼자'가 떠올랐다. 줄리앙도 혼자와 같이 멋진 생각을 가지고 있었다. 말투도 차분했고, 중심이 단단히 잡혀 있는 사람 같았다. 그들과 이야기를 나누다 보면 많은 것을 느끼고 생각하게 되는 반면, 정말 답답한 사람도 많이 만나게 된다. 줄리앙이 만달레이에 있을 때 루마니아에서 온 사람이랑 하루를 같이 다녔는데, 그 사람은 그다음 날 바로 루마니아로 돌아갔다고 한다. 그것도 여행 3일째 되는 날에! 루마니아도 가난한 나라인데 미얀마도 그러니 휴가를 '망치고 싶지 않다'는 것이 그 이유였다고. 그 루마니아인은 미얀마 사람들을 봐도 '밍글라바'라는 인사 한마디조차 하지 않았고, 하루 종일 인상만 쓰고 있었다고 한다.

"너까지 기분 별로였겠다."

"응, 옆에 있는 나도 기분이 좋지 않더라."

루마니아인은 과연 무엇을 기대하고 미얀마에 온 것일까? 여행이란 '새로운 풍경을 보는 것이 아니라 새로운 눈을 갖는 것이다'는 말도 있는데, 그 루마니아인은 분명 새로운 시야를 갖는 걸 스스로 포기한 사람이었을 것이다. 그런 그가 측은하게 느껴졌다.

으메, 죽겄네

다음 일정을 어떻게 보낼지 아침까지 고민했다. 뭘 하지? 트레킹을 할까? 아니면 기차를 타고 인레 호수로 넘어갈까? 아니면 껄로에서 더 있을까? 이렇게 고민하는 사이 어느새 내 발걸음은 트레킹 사무실로 향하고 있었다. 급하게 오늘 아침 떠나는 2박 3일 일정의 트레킹을 예약하고, 앞으로 3일간 트레킹 가이드가 되어줄 '또또'와, 함께 팀을 이룰 호주 커플 맷과 나탈리, 미국에서 온 프리츠를 만났다. 프리츠는 나를 보자마자 반갑게 인사를 건넸다.

"한국에서 왔다구? 나 원더걸스 알아!"

"원더걸스를 안다구요?"

"그럼. 그 노래 뭐였지? 유명한 건데 이름을 모르겠네."

"혹시 'I want nobody nobody but you' 이거 말하는 거예요?"

"오예, 맞아!"

"일곱 그릇 정도는 먹어줘야지!"

첫인상은 쿨한 사나이 같았던 프리츠. 트레킹에 짐이 될 것 같아 우쿨렐레를 두고 왔다고 하니 자기가 들어다 줄 수 있었다며 아쉬워한다. 그런데 나중에 알고 보니 그저 입에 발린 말이었을 뿐. 트레킹 내내 다른 사람에게는 조금도 관심이 없는, 자기밖에 모르는 사람이었던 프리츠. 프리츠에 대해 살짝 감이 오는가? 아직 잘 모르겠다면 조금만 더 기다려주시라. 개봉박두!

드디어 트레킹이 시작되었다. 껄로 마을 입구에서 산으로 점점 올라간다. 헉헉, 힘들다. 계속 오르막길만 나오니 생각했던 것보다 훨씬 힘들었다.

우리 팀 트레킹 가이드는 '또또'. 얼굴도 예쁜데 친절하기까지 하다.

"또또, 미얀마 여자들은 밖에서 술 안 마셔요? 전부 남자들뿐이더라구요."

"미얀마 여자는 술 안 마셔요. 담배도 안 피구요."

"왜요?"

사진을 찍기 전에는 먼저 물어보고 찍는다.
어쩔 수 없을 때는 일단 찍고 본다.
그러고서 '쩨주 핀 바데'란 말을 잊지 않는다.

"사람들이 안 좋게 생각하거든요. 아, 나이 드신 할머니들은 담배 피워요."

"그럼 꽁야(씹는 담배)는요?"

"그건 남자, 여자 다 하는데 한 5년 전부터일 거예요."

산을 오르는데 한 소녀가 꽃을 따다 주었다. 제주 배(고마워)!

미얀마는 우리나라와 정서가 비슷해 여자들이 담배를 피우거나 술을 마시면 나쁘다고 생각한단다. 그나저나 길이 점점 더 가파라지네. 으메, 죽겠다!

처음에는 굉장히 말도 잘하고 쿨한 인상이었던 프리츠. 그런데 언제부턴가 입을 꾹 다물고 있다. 표정도 잔뜩 굳어진 채로. 음, 저 사람 왠지 좋은 사람일 것 같진 않은데?

아침 9시 30분에 출발해서 죽어라 가파른 산만 타다가 점심 먹는 곳에 도착했다. 레스토랑을 발견하자마자 발걸음이 갑자기 빨라진 프리츠. 자리에 착석하고 나니 표정이 몰라보게 밝아져 있다.

"킴, 나 김치 좋아해."

"정말? 진짜로 좋아해요?"

"응. 우리 집 냉장고에 김치도 있다구!"

프리츠는 캘리포니아 주 LA에 살고 있는데, 3년째 여행을 하는 중이라고 했다.

"프리츠, 무슨 일 해요?"

"백수야. 하하하하."

1 또또가 특별히 우리 팀을 위해 만들어 준 간식. 소금을 뿌린 아보카도에 레몬즙을 뿌려 먹는데, 얼마나 맛있던지 지금도 그 맛을 잊을 수가 없다.

2 누들 수프를 주문했더니 라면에 달걀 프라이가 얹혀 나왔다. 달걀은 미얀마에서 귀한 손님을 대접할 때 쓰인다고 한다.

프리츠는 자기가 원할 땐 말을 많이 했지만 그렇지 않을 때는 아예 입을 닫아버렸다. 또 가만 들어보면 말하는 것 중 절반 이상이 농담이었다. 게다가 허풍도 어찌나 심한지, 거짓말도 당연히 섞여 있을 것 같았다.

"난 케이팝 좋더라. 킴, 너도 케이팝 좋아해?"

"아뇨, 그다지 좋아하는 편은 아니에요."

"그럼 미국 팝 좋아하는구나?"

그때는 저 말이 무슨 뜻인지 몰랐으나, 프리츠와 3일 내내 붙어 있고 나니 그 질문의 의미를 알 수 있었다. 그 말인 즉, 내가 한국인, 다시 말해 아시아인이니 미국에 대한 환상을 갖고 있을 거라는 그만의 '착각'이었다.

"미국 팝도 안 좋아해요. 그냥 밴드 좋아해요. 영국 밴드 Muse랑 스웨덴 밴드 Kent요."

아메리칸 드림은 개뿔이다! 난 눈곱만큼도 관심 없거든?

점심을 먹고 좀 쉬다가 다시 이동했다. 벌써 발에 물집이 잡힌 것 같았다. 프리츠는 걷기 시작하니 또다시 말이 없어졌다. 또 뭐가 그리 급한지 제일 앞장서서 걸으면서 혼자 멀리 가버린다. 그러고선 힘에 부치는지 제멋대로 쉬는 시간을 정하는 꼴이란.

점심 식사를 했던 레스토랑의 화장실. "화장지요? 당연히 없죠!"

밉상, 프리츠

트레킹에서 가장 기대했던 것은 풍경보다는 사람이었다. 순박한 아이들의 미소가 보고 싶었고, 따뜻한 사람들의 마음이 그리웠다. 부푼 기대 속에 드디어 첫 번째 마을에 들어섰다. 소수민족인 팔라웅Palaung족이 사는 마을이었다.

사람들이 나와서 모두들 신기한 듯 우리를 쳐다보았다. 엄마 뒤에 숨어서 빠끔히 우리를 바라보는 꼬마, 동생을 업고 구경 나온 소녀, 우물가에서 빨래하던 할머니. 그들의 소박한 미소를 마주하고 있는 것만으로도 가슴이 따뜻해졌다. 그중에 유난히 내 눈길을 끄는 꼬마아이가 있었다. 심술이 난 얼굴로 뚫어지게 나를 쳐다보기에 풍선을 불어서 손에 쥐어주었더니 금세 얼굴이 폈다.

마을 사람들과 이야기는 통하지 않아도 마음으로 소통하고 있던 그때, 프리츠의 본성이 제. 대. 로. 드러나는 사건이 발생했다. 나는 풍선을, 맷은 가지고 온 사탕을 아이들에게 나눠주느라 바쁜데 프리츠는 마치 똥이라도 씹은 표정으로 멀찌감치 떨어져 다가올 생각도 않는 것이다. 뿐만 아니라 사람들에게 '밍글라바'라는 간단한 인사조차도 건네지 않았다.

그는 사람들과 어울릴 생각이 전혀 없어 보였다. 그의 눈에는 한없이 지저분하게 보일 집과 우물, 사람들을 그저 카메라로 마구마구 찍어대기만 했다. 그것도 멀

"야야, 카메라 든 아줌마 좀 이상하게 생긴 것 같아."

1 "나 한 인상파 하거든?" 2 풍선을 불어서 쥐여주니 금세 인상을 폈다.
3 이 모자는 아직 결혼하지 않은 사람만 쓴다고 한다. 4 몽롱한 표정의 소녀. 어딘가 아파 보였다.

리서! 와, 무슨 저런 놈이 다 있지?

가이드 또또가 얘기하길, 미얀마 사람들은 다른 나라로 여행을 떠나기가 매우 어렵다고 했다. 물론 돈이 많으면 충분히 가능하겠지만, 일반 서민들은 사정상 여권을 발급받는 것조차 힘들다고 했다.

"한 번은 여권을 발급받으려고 한 적이 있었어요. 그들은 내가 어디 사는지, 뭘 하는지를 묻고 그 외에도 엄청 많은 질문을 던지더라구요. 그리고 나서 한다는 말이 '한 달 후에 다시 오라'는 거였죠. 그리고 한 달 후에 가면 또 다음에 오라고 하고 계속 그런 식이에요. 그러나 4월 1일에 미얀마에 선거가 있어요. 선거에서 아웅산 수치 여사가 이기게 되면 많은 변화가 생길 거예요. 그렇게 되면 미얀마 사람들도 자유롭게 여행을 갈 수 있겠죠?"

"아웅산 수치 여사가 이길 가능성이 많나요?"

"그럼요. 99퍼센트 아니, 확실히 아웅산 수치 여사가 이길 거예요."

"꼭 그렇게 돼서 자유롭게 여행하는 날이 오면 좋겠어요."

한국드라마 때문에 애들이 공부를 안 해요

한참을 걷는데 지프차 한 대가 우리 앞에 섰다. NGO 단체에서 일하고 있다는 아저씨들이었다. 내가 한국에서 왔다고 하니 운전하던 아저씨가 갑자기 흥분하며 말을 걸었다.

"오 마이 갓, 한국드라마가 미얀마에 매일 방영되는 거 알아요?"

"네, 들었어요."

"한국드라마 때문에 우리 애들이 공부를 안 해요! 맨날 TV 앞에 붙어 있어요. 나, 조만간 한국 정부에 컴플레인 걸 거예요. 하하하."

"으하하하. 아저씨, 제가 한국 정부를 대신해서 사과드릴게요!"

"참, 우린 지금 껠로로 가는 중인데 태워줄까요?"

"저희는 인레로 가기 때문에 못 탈 것 같아요." (껠로와 인레는 정반대 방향이다.)

"그럼 갈림길에서 내려줄게요. 민따이크까지면 괜찮죠?"

프리츠는 아저씨 말을 듣더니 마치 물 만난 고기처럼 당장 태워달라고 성화다. 다들 좋다고 했는데, 나는 왜 이렇게 프리츠가 얄미울까? 물론 나도 발에 물집이 잡힌데다 어깨와 다리가 아파서 차를 타는 게 편하고 좋긴 했지만, 프리츠는 정말

나탈리, 맷, 가이드 또또
프리츠는 이미 차에 탄 상태.

이지 꼴불견이다! 엉덩이를 한 대 뻥 차주고 싶을 정도로.

차에 타자 기분이 좋아졌는지 프리츠가 또 신나게 떠들어댔다.

"아저씨가 몸담고 있는 NGO에선 요새 어떤 프로젝트 하고 있어요?"

"요새요? 음, 트레킹 가이드 프로젝트?"

"하하하."

우리를 태워준 아저씨가 센스 있게 한마디 하셨다. 영국에서 유학해 영어도 잘 구사하던 아저씨. 덕분에 편하게 이동할 수 있었다. 쩨주 띤 바데!

지프차는 민따이크 기차역에 우리를 내려주었다. 기차역 주변에는 집과 구멍가

민따이크 기차역 주변의
구멍가게와 집들

민따이크 기차역

동네 아이들이 나와
술래잡기를 하고 논다.

게들이 늘어서 있었다. 아이들은 역 앞에서 술래잡기, 땅따먹기 같은 놀이를 하고 있었다. 여기서 프리츠의 본성을 또 한 번 깨닫는 사건이 발생하는데…….

프리츠는 한 구멍가게에 가서 스낵을 사더니 저쪽 구석진 곳으로 혼자 쏙 사라졌다. 그러고는 누가 쫓아오기라도 한듯 허겁지겁 껍질을 뜯어 입안에 급하게 쓸어 넣었다. 뭐, 그러려니 했다. 예상한 일이기도 했고. 예의상 내가 갖고 있던 스낵을 그에게 내밀며 '먹어볼래?' 했더니, 마다치 않고 냉큼 집어 먹는다. 귀, 귀여운 프리츠. 역시나 쉬는 시간이 되니 프리츠가 제일 말이 많다. 아마 내일 다시 또 걸을 땐 조용해지겠지?

드디어 오늘 하룻밤 묵을 숙소에 도착. 트레킹 내내 표정이 어둡던 나탈리가 말을 건넨다.

미얀마식 땅따먹기.
"쫙쫙. 금을 잘 그어야 해."

"폴짝!"

맛있게 먹었던
땅콩엿과 라면과자

"뭘 봐유? 버팔로 첨 봐유?"

마을 뒤편에서 만난 꼬마아이가 보고 있던 책.
이게 도통 뭔 소린지.

"나만 미워해."

이곳이 우리가 묵은 민가 숙소

숙소 내부

"킴, 트레킹 어땠니?"

"오 마이 갓, 생각했던 것보다 훨씬 힘드네. 너는?"

"난 아까 처음 4시간 동안은 다시 돌아갈까 생각했었어. 으윽!"

"하하. 난 너희가 바로 내 뒤에 있어서 힘들어 죽겠는데도 이 악물고 갔는걸."

"하하하, 그랬어? 신경 쓰지 마. 우리도 늦게 걸으니까."

잠자리에 들기 전, 일기를 정리하는데 또또가 우리를 챙기러 왔다.

"담요 한 장 더 줄까요?"

"지금 개인당 4장씩이나 있는 걸요."

"아마 그걸로는 부족할 텐데요?"

아니, 담요 4장이 부족할 정도라면 얼마나 춥다는 거지? 벌써부터 잠자리에 들기가 겁이 나네.

걷고 또 걷고 계속 걷고 미치도록 걷고

으, 간밤에 추워서 얼어 죽는 줄 알았다. 세상에나, 담요 4장과 내가 따로 챙겨 간 담요 1장, 상의도 5겹이나 껴입고 잤는데도 '미얀마 동태'가 될 뻔했다. 샤워는 꿈같은 얘기였다. 따뜻한 물은 바랄 수도 없을뿐더러, 추워서 씻고 싶은 생각이 저절로 사라졌다. 그래도 눈곱은 제거해야겠다는 생각으로 간단히 세수를 하는데 이마저도 얼음장이다!

마을 주위를 둘러보다가 저쪽 아래에서 모닥불을 발견했다. 그곳으로 내려가서 사람들과 같이 모닥불 앞에 섰다. 아기를 안고 있던 젊은 엄마는 내게 깔고 앉을 수 있는 조그만 의자를 내어주었다. 으윽, 그런데 연기가 내 쪽으로 온다. 자리를 바꿔 앉자 연기가 방향을 틀어서 또다시 내 쪽으로 온다. 이런, 추적기 같은 걸 달았나? 왜 불 앞에만 있으면 연기가 항상 내 쪽으로 오는 걸까? 그러나 그 순간만큼은, 연기가 코로 들어가건 눈으로 들어가건 그저 감사할 따름이었다.

아침을 간단히 먹고 또다시 트레킹할 준비를 했다. 또또는 우리 팀을 챙겼다.

"다들 잘 잤나요?"

"으으으, 추워서 죽는 줄 알았어요."

"여기는 밤에 보통 영하 2~3도인데, 어젯밤엔 2도였어요. 행운이었던 거죠."

흐미, 2도에도 입 돌아가는 줄 알았는데 행운이었다니! 영하로 떨어지면 이건 뭐, 답이 없다.

어제에 이어 걷고, 걷고, 또 걷고, 또 걷고, 또 또 걷고…… 계속 걷고, 미치도록 걷고, 정신 나갈 때까지 걷고, 아주 그냥 하염없이 걸었다! 이제는

나이는 묻지 않았지만 엄청 어려 보이는 엄마

"아침부터 귀찮게 뭘 이런 걸 찍고 그래."

이튿날 아침 식사

우리 팀을 인솔하던 트레킹 가이드 '또또'

"엄마 일 도와주러 나왔구나?"

"자, 이제 출발해볼까요?"

물집이 완전히 자리 잡더니 제대로 걷기 어려울 정도로 커져버렸다.

호주에서 온 나탈리는 어제부터 '양산'을 쓰고 걷는다. 서양 문화권에선 햇빛 쨍쨍한 날에 양산을 쓰고 걸으면 '비도 안 오고 날씨도 멀쩡한데 웬 우산?' 하고 이상한 사람 취급을 하기 때문에 그런 그녀가 어색했다.

"나탈리, 내가 본 사람 중에 양산 쓴 백인 여자는 네가 처음이야."

"하하하. 웃겨?"

"응, 하하하. 보통 백인들은 양산 안 쓰잖아."

"나는 얼굴이랑 팔이 타는 게 싫어서 그래."

맷과 나탈리가 말하길, 호주인들은 유독 살이 타는 걸 싫어한다고 한다. 유럽 사람들은 누가 얼굴을 태우고 오면 '어디 휴가 갔다 왔구나' 하고 부러워한다지만, 호주인들은 절대 타지 않으려고 선크림을 듬뿍듬뿍 바른단다.

프리츠는 전형적인 아메리칸답게 배가 불룩 나왔다. 그리고 나이는 마흔 살이란다. 어려 보이는 얼굴이기도 하지만, 하는 행동들이 너무나 이기적이라 철부지가 따로 없는데 마흔 살이라니!

"프리츠, 진짜 마흔 살이에요?"

"그래. 열흘 전에 버간에서 생일을 보냈으니 이젠 마흔한 살이네."

"그것보다 훨씬 어려 보이는데요? 난 아까 프리츠가 나이 얘기할 때 거짓말하는 줄 알았어요."

"하하하. 킴은 몇 살?"

"저는 스물여덟 살이요."

그 말을 듣곤 옆에 조용히 앉아 있던 맷이 "킴은 한국 나이로 서른이래요" 하며 놀린다.

"야, 맷! 너 조용히 안 해?"

어제 점심 먹은 레스토랑에서부터 우리 팀을 따라오는 개가 한 마리 있었다.

"네 이놈. 트레킹 내내 내 간식을 모조리 흡입했겠지!"
(우리 팀의 마지막 멤버)

"또또, 개가 계속 따라와요."

"가끔 그러더라구요."

"먹을 걸 줘서 그런가요?"

"글쎄요, 따로 먹을 것을 주기도 하는데 왜 따라오는지는 잘 모르겠어요."

"그럼 개는 나중에 어떻게 돌아가죠?"

"자기가 알아서 돌아가는 것 같아요. 다음에 또 그 레스토랑에 가면 그 개가 있더라구요."

"헉, 정말 영리한 개로군요."

그 개는 가끔 다른 팀을 따라가기도 하지만 주로 또또의 팀을 따라온다고 했다.

(결국, 이 개는 마지막 날까지 우리를 따라왔다!)

"먹이를 찾아 산기슭을 어슬렁거리는 버팔로를 본 적이 있는가."

가까이 다가가면 스삭스삭 풀 뜯어 먹는 소리를 들을 수 있다.

"아저씨, 웃으세요! 김~치~!"

오전에 2시간여를 걸은 뒤 잠시 쉬는 시간을 갖기 위해 어느 구멍가게 안으로 들어갔다. 미얀마 사람들이 항상 즐겨 마시는 따뜻한 녹차가 나왔다. 금이 간 컵과 함께. 역시 깨끗하고 말짱한 컵보다는 이렇게 군데군데 이가 나가고 금이 간 컵에 따라 마시는 게 제격이다. 차를 마시다 가게 앞에 있던 로컬 아저씨들과 어울리기 위해 자리에서 일어났다.

"아저씨, 사진 찍어도 돼요?"

"그럼, 그럼."

"자, 준비! 핏, 흐닛, 또우!"

사진을 확인하니 또 근엄한 표정이다. 한없이 맑고 순수한 미소를 보이다가도 카메라만 들이대면 왜들 이렇게 굳어지는지!

"아저씨, 웃으세요! 이렇게, 김~치~!"

"하하하. 김~치~!"

뿌와악, 물집이 터졌다

첫째 날 미얀마의 풍경은 우리나라와 비슷한 느낌이었지만, 둘째 날은 사뭇 달랐다. 아기자기 귀여운 동산들을 보고 있으니 마치 텔레토비 동산이 TV 밖으로 튀어나온 듯했다. 알로에 나무들도 보고, 생강밭도 보고, 마늘밭도 보고, 배추밭도 보고……. 종종 일하는 사람들을 발견할 때마다 '밍글라바'라고 외쳤다. 그럼 사람들은 일제히 하던 일을 멈추고 십중팔구 웃는 얼굴로 내게 화답해주었다. 그리고 시야에서 사라질 때까지 계속 쳐다봐주는, 사랑스러운 미얀마 사람들!

점심을 먹으러 한 마을에 도착했다. 신발을 벗은 뒤 양말을 벗고 발 상태를 확인하는데, 오 마이 갓! 물집이 오른발에는 4개, 왼발에는 3개가 잡혔다. 결국, 응급조치 실행. 그래도 나란 여자, 몇 년 전 국토 대장정에 참가해 631.5킬로미터를 완주한 여자란 말이

"이 정도는 식은 죽 먹기지."

다! 총 21일 일정이었는데, 그때도 이틀째부터 물집이 잡히더니 끝나는 날까지 물집과 함께했었다. 끝나고 나서 발이 가려워 병원에 가보니 글쎄 '무좀'이라나? 나 참, 이십 대 초반의 '꽃다운' 나이에 무좀에 걸리다니! 아무튼 병원에서 처방전을 받아 약국에 갔는데, 약사가 눈치가 없는 건지 나더러 '김현미 씨! 여기 무좀약 나왔어요!'라고 큰 소리로 외치는 것이다. 사람들이 없는 것도 아니고, 큰 병원 옆 대형 약국이라 바글바글했는데. 으으, 그때의 굴욕은 지금도 잊을 수가 없다!

점심을 먹고 난 뒤 달콤한 낮잠에 빠졌다. 한 20여 분 정도 짧게 잠이 들었는데 4시간은 잔 것 같이 굉장히 개운했다.

"킴, 너 잘 때 코 골던데?"

"농담하지 마."

"진짜야, 하하하. 너 코 골았어."

"정말? 아냐, 믿을 수 없어!"

"너 진짜 코 골았어. 소리가 작아서 좀 귀여웠을 뿐. 하하하."

으. 얼마나 피곤했으면 코까지 골았을까. 그나저나 무좀 얘기에 코 고는 얘기까지. 이제 시집가긴 글렀구나!

트레킹의 진실은, 걷고 걷고 또 걷고 계속 계속 계~~~속 걷는 것이다. 그렇다고 트레킹한 것을 후회하는 것은 절대 아니다. 몸이 힘든 것과 즐기는 것은 별개이기 때문이다. 어느 순간부터 난 트레킹을 즐기고 있었다. 작은 것 하나하나가 그렇게 소중하게 느껴질 수 없었다. 걸으면서 아기자기한 풍경을 볼 수 있는 것에 행복했고, 사람들의 꽃 같은 미소에 마음이 따뜻해졌다. 이런! 제대로 감상을 읊기도 전에 뿌와악! 갑자기 물집이 터져버렸다. 느낌 제대론데?

보리밭. 미얀마가 더운 지방이라고 해서
1년 내내 작물을 키우는 건 아니다.
겨울에는 짧게 휴식기를 갖기도 하고,
이렇게 보리를 심는 경우도 있다.

걸으면서 이국적인 풍경을 볼 수 있어 행복했다.
그러나 실상은 다리 절뚝거리고 질질 끌면서 팔자걸음.

아기자기 귀여운 미얀마 동산

1 가던 길을 멈추고 아이들에게 풍선을 불어주었더니 무척 좋아했다.
2 점심으로 나온 볶음국수. 이번에도 달걀 프라이가 올라가 있었다. 3 "아니, 이게 뉘시오?" 《가을동화》의 은서)

잠시 휴식을 취하려 한 마을에서 멈췄다. 프리츠는 스낵을 사더니 역시나 옆에 사람들에게는 권할 생각도 않고 단숨에 먹어치웠다. 그러나 다른 사람들이 권하면 언제나 사양하는 법이 없었다. 그러면서도 자신의 음식은 절. 대. 로. 나누어 먹지 않는 프리츠. 심지어 우리를 따라오는 배고픈 개에게조차 눈길 한번 주지 않는다. 매정한 놈 같으니라구. 음식 하나가 뭐라고 참…….

사실 우리 팀의 구성은 그다지 좋은 편이 아니었다. 프리츠는 첫날부터 본색을 드러냈고, 나탈리는 트레킹이 힘에 부치는지 얼굴에 자주 그늘이 졌다. 맷이 그나

"워뗘? 폼 좀 나오는 겨?"

마 표정이 밝긴 했지만 그도 친근한 편은 아니었다. 그래도 맷과 나탈리는 물집으로 고생하는 내게 약도 주고, 반창고도 주었다. 또 '어젯밤 추웠지?'라며 자신의 침낭까지 빌려주기도 했다. 고마운 친구들이었지만, 트레킹을 하는 내내 나는 너무 심심했다. 때때로 이들과 함께 있는 시간이 너무너무 지루하게 느껴졌다. 오히려 다른 트레킹 팀들이 지나갈 때 잠깐씩 나누는 대화가 더 즐거울 때가 많았다. 우리 팀에서는 공통의 관심사로 보기 어려운 크리켓, 테니스, 미국 야구 등을 화제로 이야기를 하니 내가 무슨 말을 하리오? 또 이야기는 주로 프리츠가 주도했는데, 진짜일까 의심스러운 내용이 많았다.

한번은 프리츠가 남미인지 아프리카인지 아무튼 어느 지역을 여행할 때 화산이

폭발했다는 애기를 한 적이 있었다. 집이 불타고 숲에 불이 붙자 사람들은 불을 끄려고 물동이에 물을 담아 정신없이 퍼 나르는데, 자기는 그 모습을 보곤 사진 찍기 아주 좋은 소재라며 셔터를 마구 눌러댔단다. 그리고 그 위급한 상황에서 물동이를 이고 지나가는 사람을 잠깐 멈춰 세우고는 '스마일' 포즈를 요구했다고. 허허허, 이거 완전 미친놈 아냐?

하야면 다 예뻐

오늘 우리가 묵을 수도원에 도착했다. 간단히 짐을 푼 뒤 물을 사러 구멍가게에 갔다가 우연히 또또와 만나게 됐다. 그녀와 우리 팀에 관해 얘기를 나누다 어쩔 수

우리가 묵은 수도원

없이 뒷말을 하게 됐다.

"또또, 저 미국인 진짜 너무 이기적이에요."

"맞아, 맞아. 킴도 그렇게 생각했구나?"

"네. 우리 어제 첫 번째 마을 도착했을 때 기억나요? 그때 그 사람 저 멀리 떨어져서 그냥 서 있기만 했어요. 사람들한테 절대 인사도 안 하구요."

"나도 기억해. 좀 그렇더라."

"어휴, 전 이곳에 대해 궁금한 게 많은데 설명을 잘 들을 수 없어서 아쉬워요."

"다른 팀들은 안 그런데, 이번 팀은 도통 들으려 하질 않네."

"안타깝네요. 역시 팀을 잘 만나야 하나 봐요. 저는 무척 듣고 싶었는걸요."

"나도 설명해주고 싶은데 네가 제일 늦게 와서 하지 못했어."

그렇다. 나는 항상 팀에서 꼴찌로 걸었다. 발이 아파서 느리게 걷느라 꼴찌, 사진 찍는다고 중간에 자주 멈춰서 꼴찌······. 사실 물집 때문에 빨리 걸을 수도 없었고 맨 뒤에 따라가는 것도 벅찼다. 그래도 꼴찌로 가는 게 제일 마음 편했다.

나는 수도원 으슥한 곳에서 또또에게 팔라웅족의 전설에 관한 이야기를 들었다. 또또의 말에 따르면, 아주 오래전 이곳엔 용 두 마리가 살고 있었는데, 어느 날 수컷이 도망을 갔다. 암컷은 그를 못 잊어 매일 밤 울었고, 수컷을 다시 만나게 해달라고 기도했다. 결국 수컷이 있는 동굴을 발견하게 된 암컷은 사람이 되게 해달라고 또 빌었고, 아름다운 여자의 모습으로 바뀌었다. 수컷이 밖으로 나가면 암컷은 몰래 가서 꽃을 뿌려놓고 향기를 남기는 일을 계속 반복했다. 그러던 어느 날, 수컷은 대체 누가 이런 일을 하는지 궁금해서 동굴 밖에서 지켜보았다. 그러다 사람 모습으로 바뀐 암컷을 발견하게 됐고, 둘은 행복하게 살게 됐다. 그러나 나중에 암

수도원의 동자승들은 하루에 두 번
불경을 외우며 기도를 드린다.
아직은 장난기 많은 나이라
불경을 외우면서도 날 보며 키득키득 거렸다.

컷이 사람에서 용 모습으로 바뀌게 되자 화가 난 수컷은 다시 이별을 고하게 됐다고 한다. (팔라웅족이 머리에 두르고 있는 빨간색 스카프는 용의 머리를, 까만색 옷은 용의 몸통을 상징한다.) 또또는 이 이야기가 전설이 아니라 '진짜'라고 했다.

"정말요? 꾸며낸 얘기가 아니라 진짜라구요?"

"진짜라니까! (허허, 이거 어디까지 믿어야 하나.) 다른 궁금한 건 없어?"

"음, 이건 좀 웃긴 질문인데 해도 될까요?"

"뭔데?"

"미얀마 사람들이 저를 보면 '초래, 나래(예쁘다)'라고 하는데 그냥 습관처럼 말하는 거예요?"

"하하하. 미얀마 사람들은 피부가 갈색이거나 검잖아. 그래서 피부가 하얀 사람

이틀째의 만찬. 밥이 코로 들어가는지 입으로 들어가는지 모를 만큼 정말 맛있었다.

을 보면 예쁘다고 생각해."

"하하하. 전 예쁘지도 않은데 왜 자꾸 그런 말을 하는 걸까 궁금했거든요. 그럼 저 같은 한국 사람뿐 아니라 피부가 하얀 서양인들도 예쁘다고 생각하겠네요?"

"응. 하야면 예쁘다고 생각해."

음, 트레킹하느라 얼굴이 많이 탔는데 이제 '초래, 나래' 소리는 못 듣 겠구나 하는 생각에 슬퍼지는 밤이다. (아무래도 한국에 가자마자 정신병원부터 가야 할 듯.)

밤하늘에 무수히 많은 별이 반짝거렸다. 버간에서 자전거를 타며 올려다보았던 하늘과는 또 다른 느낌이었다. 세상에, 오리온자리 안에 별들이 저렇게 많았나? 쏟아지는 별들 중 하나가 내게로 와 박힌다. 그런데 이상하게도 아프지가 않네.

트레킹 vs 트럭킹

어젯밤 잠자리에 드는데 어찌나 시끄럽던지. 수도원 내부에는 그룹별로 잠을 잘 수 있게 칸막이를 쳐놓았는데, 천장이 뚫려 있어 누군가 말을 하면 다 들린다. 그런데 간밤에 다른 팀이 술을 마시며 꽤 시끄럽게 떠들어댔었다. 다들 일어나자마자 어제 시끄럽지 않았냐며 한마디씩 했다. 프리츠는 복수를 한답시고 일어나자마자 옆에 있는 처음 본 사람들에게 '잘 잤냐'며 큰 소리로 구시렁댔다고 한다. 프리츠, 당신답다. 정말로!

이른 아침 식사를 마치고 짐을 챙기는데 처음 본 사람이 나를 보더니 매우 반가워한다.

"어라? 너 혹시 우쿨렐레 쳤던 사람 아니니?"

초등학교.
'훌륭한 팀워크'로 인해
인사만 하고 그냥 지나쳤다.

"풍선 불어주었더니 서비스로 안녕까지 해주네?"

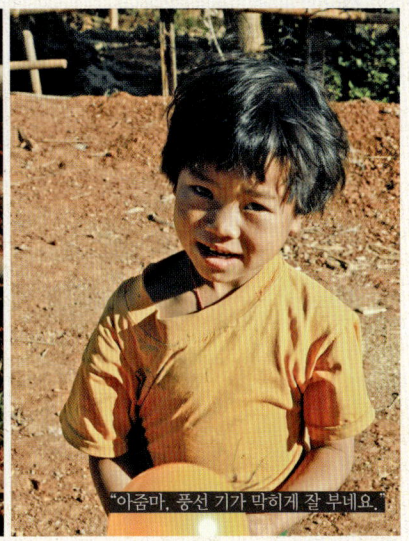
"아줌마, 풍선 기가 막히게 잘 부네요."

"혹시 버간 파고다에서 만났던?"

"맞아. 덕분에 너무 좋은 추억이 생겼단다. 고마워."

"아니에요. 제가 더 고맙죠."

그때 보았던 사람을 이렇게 또 만날 줄이야!

일행들이 모두 트레킹할 준비를 마치자, 다시 걷기 시작했다. 어제 또또와 나눈 애기를 떠올려 보니 트레킹 팀을 잘 만나야 가이드로부터 더 많은 것을 들을 수 있고 경험할 수 있겠다는 생각이 들었다. 오늘은 가는 길에 학교가 있었는데 나머지 팀원들이 모두 가이드보다 앞서 가는 바람에 또 이야기를 들을 수가 없었다. 결국, 학교 밖에서 아이들과 인사만 하고, 갖고 있던 풍선을 나눠주는 것으로 만족해야 했다.

1 우리 팀의 요리사. 부끄러움을 많이 탔다. **2** 팔라웅족. 머리에 두른 빨간색 스카프는 용의 머리를 상징한다.
3 우리 팀의 제대로 된 단체 사진(앗, 개가 빠졌다!). 2박 3일 동안 저녁 식사 때 찍은 것을 빼고는 '유일한' 단체 사진이다. 이 얼마나 아름다운 팀워크란 말인가!

얼마 안 가 한 가게 앞에 멈춰 섰다. 여기서부터 우리 팀은 트럭을 타고 가기로 했기 때문이다. 어제저녁에 팀원들과 토의를 했는데, 그 내용인즉 다음 날 트레킹을 하지 말고 트럭을 타고 인레로 가자는 것이었다. 예상하다시피 프리츠가 의견을 냈고, 맷과 나탈리는 동의했다. 나는 생각해본다고 답했으나 아무리 생각해도 트럭을 타고 가는 건 아니라는 결론이었다. 우리는 지금 '트레킹'을 하는 것이지 '트럭킹'을 하는 건 아니지 않은가! '힘들면 트럭을 타고 갈 수도 있지' 하는 융통성의 차원이 아니다. 트럭을 타고 갈 생각이었다면 처음부터 껄로에서 인레까지 차를 타고 갈 것이지, 왜 끝까지 트레킹을 원하는 다른 이에게 피해를 주는지……. 게다가 트레킹이 많이 남은 것도 아니고, 오늘이 마지막인데 말이다. 그것도 오전에 조금만 더 걸으면 되는 것을.

1 트레킹의 마지막 점심
2 "네 이놈! 어느 안전이라고 지금 눈을 감고 있는 게냐 당장 뜨지 못할까!"
3 트레킹 가이드 '또또'

"또또, 사실 난 트럭을 타고 가고 싶지 않아요. 트레킹을 하고 싶다구요. 그런데 나 빼고 모두 트럭을 원하니 어떻게 할 방법이 없네요."

"그렇지. 넌 혼자니까……."

"물집이 잡혀서 걷기 힘들지만 그래도 난 트레킹을 완주하고 싶어요."

하지만 대세에 밀려 어쩔 수 없이 트럭을 타야 했다. 몸은 편할지 몰라도 마음은 편하지 않았다. 난 두 발로 트레킹을 끝까지 마무리하고 싶었다고!

곧이어 내릴 곳에 도착했다. 생각보다 너무 일찍 도착해 이른 점심을 먹어야 했다. 식사를 하는데 프리츠가 한마디 거든다.

"어딘가 약간 부족한 데칼코마니."

"가이드가 오늘은 좀 피곤해 보이는데? 빨리 집으로 돌아가고 싶은가 봐."

엥? 난 전혀 그런 생각 안 들었거든?

프리츠는 우리가 참 좋은 팀이었다고 덧붙이며, 해 질 때까지 보트 투어를 같이 하자고 의견을 냈다. 맷과 나탈리는 동의했지만 난 전혀 같이하고 싶은 마음이 없었다. 그러자 프리츠는 나를 설득하기 시작했다. 흠, 내 생각엔 비용을 분담할 사람을 찾는 것일 뿐 우리가 정말 좋은 팀이라서 혹은 마음이 잘 맞아서 같이하고 싶어 하는 건 아니라는 확신이 들었다. 그들은 먼저 또또와 작별인사를 나누었다. 그래도 다른 이들은 멋진 트레킹이었다며 진심을 담아 고맙다는 말을 전하는데, 프

"어이 김씨, 많이 잡았당가?"
"오늘도 허탕 쳐붓네, 조씨는 워떠요?"
"워따메, 허벌나게 잡아부렀소."

"목적은 단지 새우깡!"

리츠는 "Thank you so much"라는 형식적인 인사 한마디뿐이었다.

그들이 떠나고 나는 또또와 함께 남았다. 3일간 카메라에 담은 사진을 보며 같이 웃고, 떠들다 보니 본의 아니게 또 우리 팀 험담을 하게 됐다.

"이해할 수 없는 게 하나 있어요. 그들은 미얀마 사람들을 보면 더럽다고 생각하더군요. 전 그렇게 생각하지 않아요. 왜냐면 그들은 그렇게 살아왔으니까요. 그게 그들의 문화이고, 그들이 살아온 방식이니까요."

곧이어 인레 마을로 가는 보트가 도착했다. 오랜만에 의자에 앉아서 가는데 많은 생각이 교차했다. 편하지만 편하지만은 않은, 즐겁지만 즐겁지만은 않은……

껄로

보트가 인레 마을에 도착하자 또또는 내가 짐을 맡겨둔 숙소 근처까지 데려다 주었다.

"또또, 한국에 꼭 놀러 와요. 선거 결과가 성공적으로 나오면 꼭 그렇게 될 수 있을 거예요."

"고마워요. 꼭 갈게요."

"또또와 함께 트레킹을 할 수 있어서 행복한 시간이었어요. 고마워요. 다음에 또 봐요!"

인사를 나눈 뒤, 그녀는 요리사와 같이 오토바이를 타고 껄로로 떠났다. 그녀와 작별인사를 나누는데 왜 이렇게 서운한 걸까. 알게 모르게 사흘 동안 정이 많이 들었던 것 같다. 또또, 늘 친절하면서도 따뜻한 미소를 잃지 않던 당신을 오래도록 기억할게요!

인레 호수 Inle Lake

미소가 아름다운 사람들

그래도 난 한 번은 갔았지

숙소에 짐을 풀고 자전거를 빌려 마을을 돌아다녔다. 그러던 중 이곳에 무료 와이파이가 되는 음식점이 있다는 정보가 생각났다. 문명과 떨어져 살다가 인터넷 하나에 반가워하는 나를 보니, 나도 어쩔 수 없는 문명의 노예라는 서글픈 생각이 들었다.

가게에 도착하자 감격스러워하며 인터넷에 접속했다. 아주 느리게 로딩되는 속

숙소 내부(왼쪽)와 체크인을 하면 나오는 일명 '웰컴 주스'(파파야를 갈아 만들었다).

"남자라면 한 손으로!"

"조용히 안 해? 이걸로 귓방망이 맞기 전에……"

도에도 그저 접속이 된다는 것 자체만으로도 그렇게 기쁠 수 없었다. 얼핏 뉴스를 보아하니 서울에 눈이 많이 내린 모양이었다. 자동차 정체가 심하니 대중교통을 이용하라는 글을 읽었다. 이렇게 더운 인레 호수에서 '눈'과 관련된 기사를 보게 되니 전혀 다른 세상 이야기인 것 같았다.

일찍 숙소로 돌아와 뜨거운 물로 샤워를 하며 묵은 때를 씻어냈다. 2박 3일 트레킹을 하는 동안 샤워를 제대로 해본 적이 한 번도 없었다. (할 수 없었다는 말이 더 정확하려나?) 냄새나고 더러울 것 같다고 눈살 찌푸리지 말 것. 그곳에서 샤워를 하려면 얼음장같이 차가운 물로 해야 했기 때문에 어쩔 수 없었다.

변명을 좀 해보자면, 출발할 때는 추운 아침이라 샤워할 엄두가 안 나고, 숙소에 도착해서는 해가 진 뒤라 추워서 샤워할 생각이 사라졌다. 사실 머리도 3일간 한 번밖에 못 감았다. 허허허, 이게 또 무슨 자랑이라고. 그래도 우리 팀 사람들은 다들 3일간 한 번도 안 감았으니 자랑은 맞으려나?

숙소 근처에서 만난 마을 꼬마들.
이 아이들을 찍을 때 너무나 행복했다.
천사가 따로 없었다는!

한 곡 더, 한 곡 더!

"응? 이건 무슨 소리지?"

샤워를 마친 뒤 그동안 밀린 일기를 정리하고 사진도 컴퓨터로 옮겨 놓으려는데, 밖에서 갑자기 기타 소리가 들린다. 혹시 튜너를 빌릴 수 있을까 싶어 우쿨렐레를 들고 아래층으로 내려갔다. 그곳엔 숙소 직원이 벤치에 앉아 기타를 치면서 쉬고 있었다.

"혹시 튜너 있어요?"

"그게 뭔데요?"

"음을 조정할 때 사용하는 거예요."

"에구, 없어요."

자전거 타고 돌아다니다가 찍은 사원

"그럼 혹시 손으로 맞출 수 있어요?"

그는 내 우쿨렐레를 들고 이리저리 튕겨보더니 결국 포기하고 미안하다고 했다. 나는 또다시 어리숙하게 조율을 할 수밖에 없었다.

이왕 내려온 김에 그의 연주를 들으며 아쉬움을 달래볼까?

"아까 치던 곡이 〈Somewhere over the rainbow〉 맞죠? 다시 쳐주세요!"

그의 연주에 푹 빠져들고 있는데, 느닷없이 나더러 우쿨렐레를 연주해달라고 한다. 아윽, 소리 엉망인데……. 그러나 기대에 가득 찬 그의 눈빛을 피할 수 없어 〈Hotel California〉를 연주하기 시작했다. 멜로디가 시작되자 어디서 나타났는지 점점 사람들이 모여들었다. 여행객들도 하나둘씩 아래층으로 내려오더니 어느새 내 주위를 아예 감싸버렸다. 이윽고 노래가 끝나자 모두들 박수를 보냈고 휘파람까지 불어주었다.

"땡큐, 땡큐!"

나는 두 손을 입술에 댔다가 다시 공중에 날리며 키스 세레모니를 날렸다.

"한 곡 더, 한 곡 더!"

오 마이 갓, 이번에는 나의 두 번째 필살기인 〈I'm yours〉를 불렀다. 그런데 갑자기 사람들이 따라 부르기 시작한다. 와우! 나도 덩달아 신이 났다. 다 같이 부르니 혼자 부를 때와는 또 다른 맛이 느껴졌다.

그렇게 노래가 끝나고, 이제 사람들도 제 갈 길을 가겠거니 싶었는데 또 한 번 앵콜을 요청한다. 나는 내 마지막 무기인 〈What's up〉을 부르기 시작했다. 이번에도 역시 사람들은 약속이라도 한 듯 다들 크게 따라 불렀다. 노래가 끝날 때쯤 나는 "One more time!"을 외치며 후렴구를 다 같이 따라 하게 했다. 여기저기서 함성 소리와 휘파람 소리가 들리는데, 정말이지 말 그대로 '축제' 분위기였다.

"같이 한잔하러 갈래?"

오늘은 트레킹의 피로를 말끔히 풀 겸 숙소에 그냥 널브러져 쉬는 게 목표였는데, 이렇게 또 예상치 못하게 사람들과 어울리게 된다.

"공연 너무 멋졌어."

"고마워!"

이들은 그동안 여행하면서 알게 모르게 한 번씩은 만났던 사람들이 대부분이었다. 그들을 따라 길거리 레스토랑에 가서 맥주와 누들을 주문했다.

"짠!"

"치얼스!"

"쏭티!"

"프로스트!"

맥주잔을 부딪히며 다들 자기 나라 말로 '건배'를 외치기에 나도 한국어로 '건배'를 외쳤더니 모두 따라했다.

"건배!"

"건배~!"

그나저나 이번에도 입고 있던 야구점퍼가 환영을 받는다. 베이징 공항에서는 엄청나게 후회했었는데. 그러고 보니 혼자도 내 점퍼를 굉장히 좋아했었지? 이 친구들도 내 점퍼가 멋지다며 한마디씩 건넨다. 벨기에서 온 남자아이가 챔피온이라는 마크가 달린 것도 그렇고, 자기가 태어난 해인 1987년이 적혀 있어서 더 멋지단다. 혼자도 1987년이 자기가 태어난 해라고 반가워했었는데. 그나저나 혼자와 미

"노천 레스토랑에서 새로 만난 친구들과 한 잔!"

샤는 여행을 잘 마치고 돌아갔으려나?
   테이블에 앉아 있는 내내 시끄럽게 웃고 떠들며 즐거운 밤을 보냈다. 2박 3일간의 훌륭한(?) 팀웍을 자랑했던 트레킹 팀보다, 이제 만난 지 겨우 3시간밖에 안 된 이 친구들이 더 친근했다. 오랜만에 기분 좋게 취한 밤이었다.

천국이 따로 없네

오랜만에 제대로 된 숙소에서 잠을 자고 일어나니 정말 개운했다. 아침 식사를 하러 갔는데, 어젯밤 같이 즐거운 시간을 보낸 프랑스인 알란 아저씨가 식사를 하고 있었다.

"아저씨, 안녕하세요?"

"봉쥬흐~ 마드무아젤~ 뿌숑꾸숑~아흐뚜와꾸와~!"

나는 인사만 한마디 건넸을 뿐인데 계속 프랑스어로 얘기하시니 대체 무슨 소린지 하나도 못 알아듣겠다.

"(한국어로) 아저씨, 무슨 말인지 하나도 못 알아듣겠어요!"

"울랄라~ 울랄라~!"

아저씨는 프랑스어로, 나는 한국어로 계속 이야기했다. 서로 못 알아들으니 한마디 하고 웃고, 한마디 하고 또 웃고. 웃느라 시간을 다 보낸 것 같다.

숙소에서 제공하는 아침 식사

어젯밤 함께했던 친구들도 하나둘씩 모이기 시작했다. 오늘 일정을 같이 맞춰보려고 옥상에서 만나기로 약속했던 것이다. 나는 프랑스에서 온 기노, 샬롯, 알런, 그리고 독일에서 온 리자와 함께 보트 투어를 하기로 했다.

선착장으로 나가니 보트 투어하시는 아저씨가 우리를 불러 세웠다. 일몰을 포함해 하루 동안 12,000짯에 해주기로 결정! 1인당 2,400짯(약 3,500원)밖에 되지 않으니 이보다 더 합리적일 수 없었다.

"우리 보트 위에 저 의자들 치워달라고 하자."

"좋아!"

"아저씨, 의자랑 우산 다 필요 없어요. 그냥 카펫만 깔아주세요. 아 참, 구명조끼도 필요 없어요."

"와, 진짜 좋은 생각인데? 하하하."

가스나들, 요구하는 것도 많네.

"다들 준비됐지?"

왼쪽부터 기노, 리자, 샬롯, 알런

아저씨는 깜짝 놀란 듯했으나, 우리의 요구대로 보트에는 카펫만이 깔렸다. 이윽고 보트에 올라타는데, 세상에! 천국이 따로 없었다. 여행 중 처음으로 휴식다운 휴식을 취하는 느낌이랄까.

인레 호수는 길이 22킬로미터, 폭 10킬로미터, 수심 6미터의 거대한 규모를 자랑하고 있었다. 호숫가에는 야자수가 듬성듬성 심어져 있었고, 부레옥잠도 동동동, 갈대밭은 흐드러지게 펼쳐져 있었다. 나지막이 깔린 안개 위로는 갈매기들이 떼 지어 다니고 있었고, 원뿔 모양의 통발을 실은 배 위에선 어부들이 낚시를 하고 있었다.

그때 특이한 광경이 눈앞에 펼쳐졌다. 한 어부가 오른발로만 노를 젓고 있는 것

"좋은 말로 할 때 새우깡 내놔!"

"시방 나 찍고 있는겨?"
인레 호수 주민들은 보트가 이동 수단이므로
집집마다 하나씩은 있다.

물 위에 떠 있는 밭, 쭌묘

호수에서 수초를 건져 올리는 사공들. 이 수초를 말려 물에 띄우고 그 위에 호수 바닥에 있던 진흙을 퍼 올리면 '쭌묘'가 완성된다. 쭌묘에서는 여러 가지 작물을 경작하는데, 긴 대나무를 바닥 깊숙이 꽂아 떠내려 가지 못하게 한다.

"니들, 오른발로만 노 저을 수 있어?"

"차렷, 경례!"

귀금속 액세서리를 만드는 은세공방.
일일이 수작업을 한다.

"엄지발가락 각도가 생명이지."

이다. 그것도 아주 능숙한 솜씨로 전혀 흔들림 없이 말이다. 어부의 발놀림에 넋이 팔려 한참을 뚫어져라 쳐다보았다. 마치 그는 그런 우리를 향해 이렇게 말하는 것 같았다.

"늬들, 오른발로만 노 저을 수 있어?"

보트가 어느 한 곳에 멈추더니 우리를 샵으로 데려갔다. (보트 투어를 하면 이렇게 샵에 데려가는 경우가 많으니 원치 않으면 반드시 조율을 해야 한다.) 우리가 내린 곳은 귀금속 액세서리를 만드는 은세공방. 입구에 들어서니 여러 사람들이 한창 작업을 하고 있었다. 한쪽에서는 은을 불에 녹여내어 틀에 붓고, 또 한쪽에서는 모양을 내기 위해 연장으로 두드리고 있었다. 반대쪽에서는 은을 계속해서 작은 구멍에 통과시켜 가느다란 줄을 만들고 있었다. 그러나 정교해 보이는 작업과는 달리 만들

어진 제품들은 그다지 완성도가 높지 않았다. 좀 더 직설적으로 표현하자면 조악했달까.

다음으로 아저씨는 우리를 긴 목 부족인 '파다웅족' 마을로 데려간다고 했다. 그런데 갑자기 프랑스 친구들이 절대 안 가겠다며 거부를 한다. 기노 왈,

"킴, 긴 목 마을에 가고 싶어?"

"글쎄, 너희 의견은 어떤데?"

"사실 우리는 가고 싶지 않아. 마치 동물원에서 우리 속의 동물을 쳐다보는 것 같은 기분이랄까?

"쩝, 인생이란 게 참 허무하간디……."

작은 나무 보트에서 여행객을 상대로 행상하시는 아주머니

1 파다웅족 마을 대신 간 파웅도우 파고다. 인레 호수에서 가장 유명한 사원으로 5개의 형태를 알아볼 수 없는 불상과 승려상이 모셔져 있다. 매년 9~10월 사이에는 4개의 형상을 배로 옮겨 싣고 근처의 마을을 돌아다니는 파웅도우 축제가 20여 일 동안 열린다.

2 파고다가 지어질 당시 약 5센티미터 크기의 불상 3개와 아라한(승려)상 2개를 가져와 모셨는데, 사람들이 어찌나 금박을 많이 붙였는지 현재로서는 형태를 전혀 알아볼 수 없게 되었다. 남자들만 금박을 붙일 수 있다고 한다.

네가 원한다면 한 번 생각해보겠지만, 우리는 그런 구경꾼들과 똑같이 되고 싶지 않아."

결국, 우린 파다웅족 마을은 들리지 않기로 했다. 기노도 범상치 않은 마인드의 소유자 같은데?

우리는 우먼파워!

"얘들아 우리 사진 찍자!"

"오케이. 정상적인 거 말고."

"그럼 우먼파워 어때?"

그 말이 끝나자마자 모두들 온몸에 힘을 잔뜩 주고, 제각기 "우억!" "으아!" "으으!" 괴성을 내지르며 포즈를 취했다. 그러나 우먼파워는 30분도 채 못 갔다. 이 친구들도 2박 3일간의 낄로 트레킹을 막 마친 터라 지칠 대로 지쳐 있었던 것. 점심을 먹으러 간 레스토랑에 도착하자마자 다들 털썩 주저앉는다.

"우리 완전 녹초 다 됐다."

"우먼파워는 대체 어디 간 거야?"

"이미 사라지고 없지!"

"하하하."

각자 메뉴를 주문하고 음식을 기다리며 수다를 떨기 시작했다.

"있잖아, 나 궁금한 게 있어. 프랑스 여자들은 많이 먹는데 왜 그렇게 날씬해?"

"우리는 우먼파워!"

"엥? 프랑스 여자들 많이 안 먹어."

"오랫동안 먹잖아."

"아, 우린 기름진 음식보다는 채소나 살 안 찌는 음식 위주로 먹는 편이야."

"그리고 와인도 정말 매일 마셔?"

"응. 나랑 샬롯은 진짜 매일매일 마셔."

"에이, 그래도 솔직히 매일은 아니다. 하하하!"

앞에 앉아 있던 기노는 '매일'이 아니라 '거의 매일'이라며, 'absolutely everyday'를 'almost everyday'로 정정했다.

"한국은 어떤 종류의 술을 마시지?"

"맥주, 와인 다 마시는데, 특히 '소주'를 즐겨 마셔."

"그거 혹시 작은 컵에 담아서 마시는 거 맞지?"

"응. 물처럼 투명하고, 마실 땐 '원샷원킬'이야."

"푸하하하하."

"리자, 독일은 어떤 술 마셔?"

"당연히 맥주지. 프랑스에서는 맥주 잘 안 마신다며?"

"응. 프랑스는 맥주 거의 안 마셔. 젊은 애들은 가끔 마시지만 주로 와인을 마시는 편이야."

"설마 클럽에서도?"

"클럽에서도 맥주보다는 위스키나 보드카 같은 거 마셔."

음식이 차려지고, 우걱우걱 맛있게 잘도 먹는 나를 보며 기노가 말을 건넸다.

"킴, 너 전에 버간에서 껠로로 갈 때, 휴게소에서 미얀마 음식 잘 못 먹는다고 말

했었잖아. 지금도 그래?"

"아니, 지금은 괜찮아. 그게 사실 고수라는 향신료 때문에 좀 곤혹스러웠던 거였는데, 이젠 그 음식 피해서 먹거든."

"지금은 괜찮다니 다행이다."

며칠 전 잠깐 휴게소에서 마주쳤을 때 내가 한 말을 기억하고 있던 기노. 그때 미얀마 음식이 입에 잘 안 맞아서 식사할 때마다 힘들다고 했었는데 그걸 기억하고 있다니. 만약 기노가 괜찮냐고 묻지 않았더라면 지금 이렇게 걸신들린 사람처럼 우왁꾸왁 잘도 먹는 날 계속 이상하게 생각했을 듯.

공자가 죽어야 나라가 산다

다음은 론지, 머플러, 가방 등을 만드는 전통 실크 공방으로 이동했다. 실크 공방에서는 베틀로 일일이 론지를 짜고 있었는데, 실을 뽑아내는 것부터 시작해서 최종 완성품을 만들기까지 무려 '20일'이 걸린다고 한다. 가게 매니저 아저씨가 실을 뽑고 있기에 나도 한번 해보고 싶다고 했더니 선뜻 자리를 내어주었다.

"자, 여기를 살짝 잡고 오른손으로 기계를 돌려봐요."

뚝! 힘 조절에 실패해 그만 실이 끊어져 버리고 만 것.

"으악, 아나바대(미안해요)!"

꼭 이런 데서 힘자랑하고 싶더냐! 주위에선 다들 웃어젖히고, 나는 계속 미안하다고 하고 한바탕 난리가 났다.

1 연꽃 줄기에서 머리카락처럼 가는 실을 뽑아 엮던 아주머니. 가느다란 실을 여러 겹으로 두껍게 만들어 계속 이어 붙여 나간다. **2** 일일이 손으로 베를 짜고 있었다.

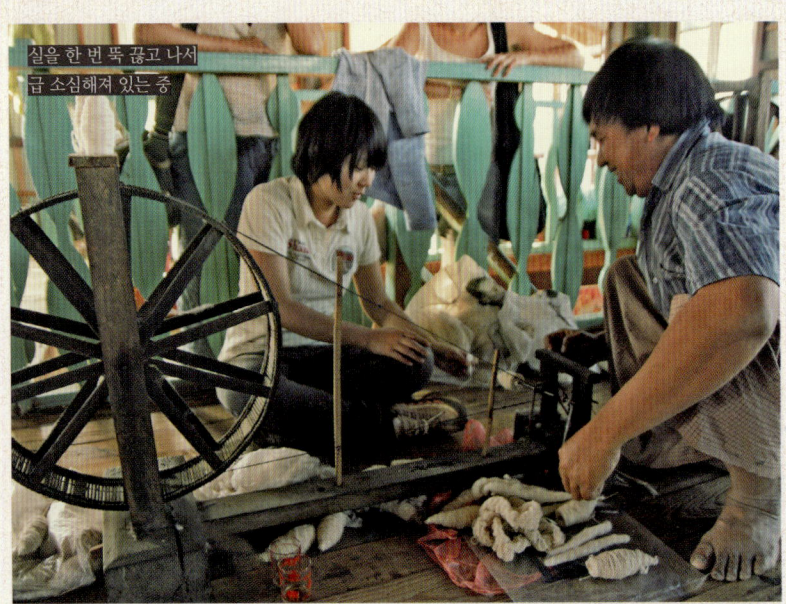

실을 한 번 뚝 끊고 나서
급 소심해져 있는 중

"이렇게 살살 잡고
오른손으로 신나게 돌려 봐."

베 짜는 솜씨가 수준급이었던 아저씨

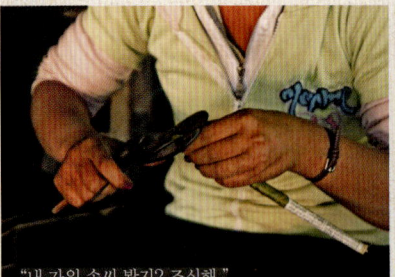

"내 가위 솜씨 봤지? 조심해."

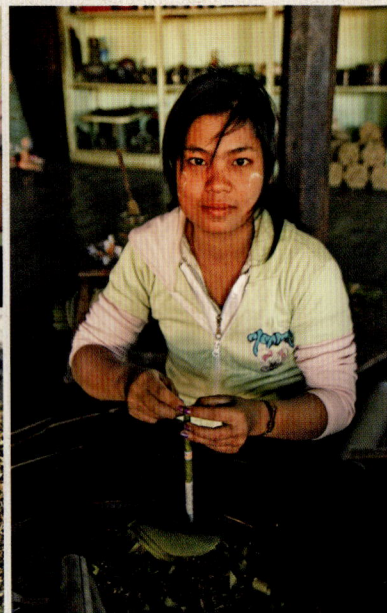

1 담뱃잎
2 필터
3 이번 여행에서 내가 유일하게 산 기념품

이번에는 담배 공방에 갔다. 파인애플 잎으로 만든 담배를 피워보라며 하나씩 주기에 경험상 한번 피워보기로 했다.

"켁켁! 윽, 매워!"

매운 것도 매운 것이지만 어찌나 역하던지. 한 모금 피워보고 당장 관두어야 했다. 그나저나 은세공방에, 실크 공방에, 담배 공방에 뭐 이리 자꾸 샵이나 공방을 돌아다니느냐고? 인레 호수 역시 투어 상품에 이런 샵들이 반드시 끼어 있다. 처음에는 자꾸 샵에 데려가서 석연치 않았으나, 나중에 생각해보니 이것도 좋은 경험이 되는 것 같았다. 샵에 들르지 않았다면 내가 언제 직접 물레를 돌려 실을 엮고, 또 파인애플 잎으로 만든 담배까지 피워본단 말인가.

담뱃잎을 말던 소녀.
그룹 F(x)의 '엠버' 닮은 듯.

파인애플 담배를 피우던 아저씨

담배 공방에서 담뱃잎을 말고 있는 사람은 모두 여자였다. 어린 소녀부터 나이 지긋하신 어르신까지. 그럼에도 미얀마 여자들은 할머니를 제외하고는 담배를 피우지 않고 술 역시 마시지 않는다고 했다. 그 이유는 여자가 담배를 피우거나 술을 마시면 나쁜 사람으로 보기 때문이라고. 우리나라와 정서가 크게 다르지 않은 듯했다. 나쁘면 다 같이 나쁜 거지, 남자가 하면 괜찮고 여자가 하면 괜찮지 않은 논리는 대체 어디서, 그리고 왜 생겨난 걸까. 누가 말했던가. '공자가 죽어야 나라가 산다'고.

보트 투어를 마치고 프랑스 친구들과 숙소로 돌아왔다. 어제 숙소에서 만난 친구들과 또 만나기로 했었는데, 네덜란드 아저씨가 미리 와서 기다리고 있었다.

"아저씨, 미얀마 또 오고 싶어요?"

"그럼. 미얀마가 너무 좋아. 특히, 사람들이! 다른 나라에서는 사람들이 친절을 베푸는 이면에 '돈'을 바라는 경우가 많지만, 여기는 그렇지 않거든."

"저도 다음에 또 오고 싶어요. 사람들이 정말 좋아요."

이들과 함께 또 저녁 식사와 맥주를 즐기면서 인레에서의 마지막 밤을 보냈다. 트레킹으로 지쳤던 심신을 인레에 와서 제대로 달래는구나.

"한 대 맞으면 사망!"

"봤지? 나 이런 사람이야."

시장 구경, 사람 구경

다음 날, 이번에는 호수를 벗어나 시장 구경에 나서기로 했다. 길모퉁이를 돌아 시장 쪽으로 향하는데 학교가 보인다. 아이들은 한창 등교를 하는 중이었다. 엄마 손을 잡고 가는 아이, 아빠의 자전거 혹은 오토바이 뒤에 앉아 가는 아이. 교통수단의 차이만 있을 뿐 우리네 등교 모습과 별반 다를 바 없었다.

냥쉐 마켓으로 다시 발걸음을 돌렸다. 인레에서는 우리나라처럼 호수 주변의 다섯 마을에서 돌아가며 5일장이 선다. 그러나 아쉽게도 오늘 내가 머물고 있는 냥쉐 마을에는 장이 서지 않았다('냥쉐'는 인레 호수 주변 마을 중 하나로 여행객 대부분이 이곳에서 머문다). 누구나 그렇듯, 나 역시 여행을 가면 항상 빠지지 않고 하는 일이 바로 시장 구경이다. 그곳에선 사람들의 일상을 들여다볼 수 있고, 사람들의 표정을 읽을 수 있고, 무엇보다 사람 사는 냄새를 맡을 수 있기 때문이다.

어? 저쪽에서 아주머니 두 분이 러펫예와 빵, 튀김으로 아침 식사를 하고 계시네. 누가 시키지 않아도 무작정 또 자리에 앉고 본다. 사람들은 언제나 그렇듯 내게 미얀마어로 얘기를 한다. 그럼 나는 또 아는 미얀마어를 이야기보따리 풀듯 한 번에 촤—악 늘어놓는다.

"밍글라바(안녕하세요)."
"아나바대(죄송합니다)."
"쩨주 띤 바대(감사합니다)."
"사비뺄라(식사하셨어요)?"
"나매 밸로 콜래(이름이 뭐예요)?"

아침 등굣길 풍경

낭쉐 마켓.

"아지매들, 사진 한 장만 같이 찍읍시더."

"이렇게 웃으란 말이지?"

"몸은 아직도 차렷 자세잖아요."

미얀마 사람들은 사진 찍을 땐 언제나 차렷 자세

"부러우면 지는…… 우이씨, 졌다."

"시식 코너는 없나요?"

고작 이 다섯 마디임에도 엄청난 환영을 받는다. 거기다가 숫자로 1부터 10까지 미얀마어로 얘기하면 다들 눈이 휘둥그레진다. 한국 사람이라고만 해도 환영받는데, 미얀마어 몇 가지를 더하면 '대 대 대 환영'이다.

냥쉐 마켓을 이리저리 둘러보는데, 우리와 비슷한 것도 있고 다른 것도 있다. 두부, 콩나물, 채소 등을 파는 상인들도 있고, 국수와 빵을 파는 가게도 있고, 갖가지

1 "잘 찍어줘~." 길거리 간식 '베익목'을 팔고 있었던 인상 좋은 아주머니.
2 밀가루 반죽에 코코넛과 땅콩 가루를 뿌리고,
3 잘 구워 내면,
4 짜잔, 완성!

잡화를 파는 구멍가게들도 있다. 특히 이 지역 토마토는, '쭌묘'라고 하는 물 위에 떠 있는 밭에서 재배한 것인데, 매우 유명해서 미얀마 전 지역으로 팔려나간다고 한다. 이리저리 둘러보다가 코코넛과 땅콩을 뿌린 빵 '베익목'을 만들고 계신 아주머니 앞에 멈춰 섰다.

"밍글라바, 안녕하세요!"

"아! 코리야, 코리야!"

"쩜마 코리야 루묘바(저는 한국 사람이에요)."

여기저기 사람들과 인사를 하고 함께 사진을 찍고, 또 찍은 사진을 보여주었다. 매번 느끼는 거지만 미얀마 사람들은 미소가 정말 아름답다. 어른들도 아이처럼 순수하고 순박한 미소를 가지고 있었다. 그런데 희한하게도 카메라만 집어들면 모두들 급 정색모드로 돌변한다. 이렇게 말이다. (뒷장으로!)

1단계 분노

"나, 화났어."

해결책 모델 바로 앞에서 표정을 똑같이 따라 한다. 그럼 십중팔구 아래와 같은 표정으로 돌변한다.

2단계 부끄러움

"부끄러."

해결책 진정할 때까지 기다린다.

3단계 폭소

"푸하하!"

해결책 역시 진정할 때까지 기다린다.

4단계 환한 미소

"씽긋."

해결책 이제야 비로소 환한 미소를 볼 수 있게 된다.

그러나 사실 나는 1~4단계 사진이 모두 좋다.

"하나, 둘, 셋, 찰칵!"
(채소 가게 아주머니와 함께.)

이번에는 지나가다가 채소 가게를 발견했다. 사람들과 어울리다 보니 문득 직접 채소를 팔아보고 싶다는 생각이 들었다.

"아주머니, 제가 오늘 매상 두 배로 올려놓겠습니다. 맡겨만 주세요!"

그러나 10분이 지나도, 20분이 지나도 아무도 오지 않고 파리만 왱왱 날렸다는…….

쉿! 목소리 낮춰

시장을 둘러보고 나서다가 '짜파티(납작한 인도식 빵)'를 굽는 가게를 발견했다. 가던 길을 멈추고 구경하는데, 옆쪽 의자에 앉은 아저씨들이 나더러 앉으라고 성화다.

"여기 좀 앉아봐요."

자리에 앉자마자 러펫예 한 잔을 사주셨다. 참 정 많은 미얀마 사람들. 낯선 이 방인에게 경계심은커녕 이렇게까지 호의를 베푸니 말이다. 여행 중 지금처럼 사람들에게 얻어먹고 다니는 게 셀 수 없이 많았다.

"쩨주 띤 바데!"

인사를 하고 아저씨들과 도란도란 얘기를 나누었다.

"여기서 한국으로 여행을 가려면 한화로 400만 원이 넘게 들어. 그것도 고작 일주일에서 열흘 정도인데 말이야."

"헉, 엄청 비싸네요. 4월 1일에 선거에서 아웅산 수치 여사가 이기면 경비가 좀 덜 들까요?"

"쉿!"

갑자기 아저씨가 손가락을 입에 가져가더니 조용히 하라고 했다. 그러곤 나지막

짜파티 굽는 중

"내 엄지손가락 잘생겼지?"

한 목소리로,

"아웅산 수치 얘기하면 잡혀가. 목소리 낮춰!"

라며 소곤대신다. 혼자에게 지금은 아웅산 수치 얘기를 해도 괜찮다고 들었는데, 아닌가? 나중에 들은 말로는 현재 그런 상황이 많이 없어졌다고 하나, 내가 경험한 바로는 아직도 사람들이 공공장소에서는 쉽게 입 밖으로 꺼내지 못하는 것 같았다.

이제 인레를 떠나 양곤으로 가는 버스를 타야 할 시간. 숙소에 체크아웃하기 위해 다시 돌아왔다. 역시나 숙소에서는 직원들이 기타를 치고 노래를 부르며 즐거운 시간을 보내고 있었다. 매니저는 나를 보더니 한마디 했다.

"어느덧 대전 하이웨이……"

숙소 직원들과의 즉석 미니콘서트

"킴, 엊그제 우쿨렐레 잘 들었어요. 기타도 연주해줘요."

"저 기타는 못 쳐요."

"그럼 우쿨렐레로 같이 연주해요!"

그렇게 해서 또다시 꺼내 든 우쿨렐레. 그리고 역시나 내 노래를 다 같이 즐겨주는 숙소 식구들. 따뜻한 정, 한 아름 안고 떠납니다. 고마웠어요!

인레를 떠나기 전, 가볍게 점심을 해결하고 버스에 타기로 했다. 어제 만난 프랑스녀 알린이 추천해준 가게에서 '샨누들'을 먹어보기로 했다. 샨누들은 고산지대에 사는 샨족의 전통 국수인데, 쌀국수에 고기와 각종 양념을 얹어 먹는 음식이다. 그동안 여행하면서 샨누들을 먹어볼 기회가 없었는데 드디어 오늘 먹게 되는구나!

샨누들 가게에는 한 소녀가 혼자 일하고 있었다. 부모님 가게인데 부모님이 집에서 일하고 계셔서 먼저 나왔다고 했다. 샨누들을 주문하고 한 수저 뜨는데 눈이 번쩍 뜨인다. 혓바닥에 착착 감기는 쫀득쫀득한 면발, 고소하면서도 감칠맛 나는

1 샨누들 가게에서 만난 '치수아웅'
2 샨누들 만드는 중. "내 것은 무조건 많~이 알지?"

쌀국수에 고기와 각종 양념을 얹어 먹는 '샨누들'.
어찌나 맛있던지 며칠간 계속 생각났다.
한 그릇에 500짯(약 700원).

국물. 그리고 국수의 '생명'인 미원 맛이 혀끝을 짜릿짜릿하게 만들었다. 어쨌거나 쫄깃하고, 정말 정말 맛있었다는!

샨누들 가게 소녀는 내가 한국에서 왔다고 하니 가수 '비'를 매우 좋아한다며 반색한다. 그리고 한국드라마 역시 좋아한다고. 이럴 때마다 빠지지 않는 내 질문이 또다시 등장!

"구준표 좋아해?"

"그럼요."

짜자잔. 내 가방에선 구준표 사진이 자동으로 나온다. 선물이라며 건넸더니 매우 고마워하는 소녀. 아니, 이런! 가방을 보니 인화해온 구준표 사진이 거의 동났다. 그나저나 불쌍한 우리 '은서(송혜교)' 사진은 여태 2장밖에 못 줬는데, 이거 참 구준표의 인기가 이렇게까지 많을 줄이야!

국수 가게에 반찬거리 사러 온 꼬마 숙녀.
너무 예뻐서 찰칵.

한국에 꼭 놀러오세요

가방을 챙겨 들고 뚝뚝이(픽업트럭)를 타러 갔다. 의자에 앉자마자 나는 또 사람들과 '시끄럽게' 이야기를 나누기 시작했다. 레퍼토리는 매번 같다. 먼저 밝게 인사부터 하고, 아는 미얀마어를 하나씩 말한 뒤 무작정 웃고 보는 것!

영어가 통하지 않아 지금까지 여행 다니며 사람들에게 하나씩 배운 미얀마어를 총동원해 더듬더듬 말을 이어나갔다. 미얀마 사람들과 얘기할 때는 오버액션을 섞어가며 약간 우스꽝스럽게 말하는데, 물론 항상 그러는 것은 아니다. 분위기를 화기애애하게 만들고 싶을 때에만 그렇게 할 뿐. 문제는 언제나 분위기를 화기애애하게 만들고 싶어한다는 것. 하하하!

다행히 뚝뚝이 운전사 아저씨가 영어를 몇 마디 하실 줄 알아 대화가 이어질 수 있었다.

"한국 사람들은 어때? 잘 웃어?"

"음, 어떤 사람들은 친절하고 잘 웃는데, 대부분은 얼굴에 감정을 잘 드러내지 않아요. 특히 버스에서는 무표정하게 있거나 졸아요."

"궁금하다. 언젠가 한국에 꼭 한번 가보고 싶어."

"네, 놀러오세요. 제가 여기

한국에 가보고 싶다던
뚝뚝이 드라이버 아저씨

냥쉐의 주유소

냥쉐 거리

"냥쉐의 폭주족(?)들!"

저기 안내해드릴게요!"

"그럼 꼭 가야겠네!"

아저씨와 즐겁게 이야기를 나누며 뚝뚝이가 출발하길 기다리는데 저 멀리서 '어두운 생물체'가 나타났다. 으윽, 껄로 트레킹을 같이 했던 이기적인 미국남 '프리츠'다. 분명히 나를 봤을 텐데 슬쩍 피해 다니며 아는 척을 안 한다. 그래서 먼저 다가가 큰 소리로 그의 이름을 불렀다.

"헤이, 프리츠!"

"이게 누구야, 킴? 오랜만이네?"

"야, 쟤 지금 우리 찍고 있어.
각도 잡아!"

반가운 척하기는! 으으, 설마 같은 버스 옆 좌석은 아니겠지? 그런 상황은 생각만 해도 끔찍하다.

30여 분을 달려서 쉐냥에 도착했다. 여기서 오후 3시에 양곤으로 가는 버스를 탈 것이다. 도착 예정 시간은 내일 새벽 5시 30분. 무려 15시간 30분이나 버스를 타고 가야 한다! 거리상으로 보면 양곤에서 8시간 걸렸던 만달레이와 별반 달라 보이지 않는데 왜 이렇게 오래 걸리는 걸까? 그런 궁금증은 버스를 타고 얼마 지나지 않아 해결됐다. 세상에나, 버스가 엄청나게 꼬불꼬불꼬불꼬불한 거리를 달리는 것이다. 코너를 돌 때마다 절벽으로 떨어지는 건 아닐지 아찔하기까지 했다. 쳐다만 봐도 울렁울렁 현기증이 일어 어지러웠다. 게다가 곳곳에는 비포장도로 공사하는 곳이 천지. 물론 이곳도 중앙선이라곤 눈을 씻고 찾아봐도 없다. 오늘 밤 무사히 '곡예 운전'을 마치고 양곤으로 들어갈 수 있을까? 으으윽! 하나님, 부처님, 알라신이시여, 도와주세요! 제발!

다시, 양곤 Yangon

인연이 있어야만
올 수 있는
나라

뜻밖의 인연을 만나다

다행히 양곤에는 무사히 도착했다. 음, 너무 싱거운가? 하지만 한밤의 곡예 운전으로 쫄깃쫄깃해진 심장을 달래느라 버스 안에서 제대로 잠을 잘 수가 없었다. 그건 그렇고, 이번 여행 중 처음으로 숙소 예약이라는 것을 해봤다. 미얀마에 예년보다 많은 여행객이 몰리면서 예약 없이 숙소를 구하기가 어려워진 탓도 있었지만, 이번 여행의 마지막 도시인 양곤에서조차 숙소 구하느라 돌아다니는 데 시간

사쿠라 타워에서 내려다본 양곤

을 낭비하고 싶지 않았서였다.

　숙소에 체크인을 한 뒤 오늘 하루 일정을 생각해보았다. 먼저 양곤역에 가서 순환열차를 탄 다음 쉐다공 파고다에 들르기로 했다. 이것으로 오늘 일정은 끝!

　양곤역을 찾으러 지나가는 사람들에게 길을 묻고, 또 물었다. 두 남성이 지나가기에 이번에도 양곤역이 어디냐고 묻는데, 그중 안경을 쓴 분이 나더러 어디서 왔느냐고 되물었다.

　"한국에서 왔어요."

　"(한국어로) 어? 한국 사람이였군요? 하하. (동행하던 사람에게) 거봐, 쩜모. 오늘 차 안 타고 가길 잘했지?"

　응? 무슨 소리지?

　"저, 바쁘지 않으면 우리 회사가 여기 근처니 커피나 한잔하고 가요."

　그렇게 해서 이들을 따라간 곳은 '사쿠라 타워(여러 항공사와 사업체들이 입주해 있는 고층 빌딩)'. 뜻밖의 인연이었다. 알고 보니 그분은 미얀마에서 사업을 하고 있는 한국인 사장님이었다. 그리고 옆에 있던 젊은 미얀마 남성은 그 회사의 직원인 '쩜모' 씨.

사쿠라 타워

양곤 시내

그분의 회사가 자리하고 있는 사쿠라 타워 15층으로 올라가니 직원들이 나를 반갑게 맞이해주었다. 나는 통유리로 되어 있는 창에 기대 양곤의 모습을 내려다보았다. 아래에서 보던 것과는 사뭇 다른 느낌이었다. 마치 발전하려고 꿈틀거리는 신흥 도시 같아 보였달까.

여행자의 시선과 사업가의 시선은 분명히 다르다. 그래서인지 사장님으로부터 여행객인 나로서는 알 수 없었던 미얀마에 관한 얘기를 들을 수 있었다. 사장님은 미얀마가 가난한 나라긴 하지만 석유나 천연가스, 금, 구리와 같은 지하자원뿐 아니라 산림자원도 매우 풍부한 나라라고 알려주었다.

사장님은 12년 전 미얀마에 처음 들어와 사업 기반을 닦았다고 하면서, 미얀마에서 사업을 하게 된 계기, 사업을 하면서 겪었던 어려움 등을 이야기해주었다. 젊은 시절 그분의 열정과 좌절, 역경을 딛고 다시 일어서기까지 사장님의 이야기 속에는 '인생'이 담겨 있었다.

사장님은 오늘 내 일정을 물으시곤 순환열차는 오후에 타고, 먼저 쉐다공 파고다를 들렀다가 이곳에 다시 오라고 했다.

친절한 '쩜모' 씨.
한국인이라 해도 믿을 법한 외모였다.

"이따 12시쯤 점심·식사를 같이하는 게 어때요? 여행 다니면 한국 음식이 아주 그리울 텐데 한국 식당에 가도록 하죠."

"어머, 감사합니다."

아니, 오늘 처음 본 내게 식사 대접을? 게다가 한국 음식이라니! 그 말을 듣자마자 머릿속에는 뚝배기에 보글보글 끓여낸 칼칼한 '김치찌개'가 떠올랐다.

"쩜모, 이분에게 쉐다공 파고다 가는 법 알려드려요."

쩜모 씨는 대학교에서 한국어를 전공해 한국어를 상당히 잘 구사했다. 그를 따라 엘리베이터를 타고 건물 아래로 내려갔다.

"우리 사장님같이 좋으신 분은 정말 드물어요."

"네, 참 좋으신 분 같아요."

"그동안 한국 사람 밑에서 몇 번 일해봤는데, 나쁜 사람들이 몇 있었거든요. 지금 사장님은 참 좋으신 분이에요."

쩜모 씨는 내게 보족 시장을 지나 쉐다공 파고다로 가는 법을 알려주었다. 어제 인레에서 짯을 달러로 환전하고 온 바람에 돈이 부족해 버스는 되도록 타지 않으려 했는데, 다행히 걸어서 20분 정도면 갈 수 있다고 했다. 괜찮다고 했지만 쩜모 씨는 나를 계속 따라오며 바래다주려 했다. 하지만 괜히 그의 시간을 빼앗는 것 같아 이만 들어가시라고 인사를 드리곤 쉐다공 파고다로 향했다.

13달러짜리 '금' 치찌개

으으으, 양곤의 날씨는 다른 지역과 달라도 너무 달랐다. 아침부터 엄청나게 후텁지근한 것이 꼭 만두 찜통 속에 들어와 있는 느낌이다. 다른 지역에서는 사람들이 아침저녁으로 두꺼운 옷을 껴입었는데, 여긴 모두 반소매 차림에 론지를 둘렀을 뿐이었다. 더위에 지친 개처럼 혓바닥을 길게 늘어뜨린 채로 쉐다공 파고다에 도착했다. 양곤 여행의 핵심이라고 할 수 있는 쉐다공 파고다. 사실 쉐다공은 양곤뿐 아니라 미얀마를 대표하는 사원이라고 보아도 손색이 없다. 쉐다공의 또 다른 이름이 '미얀마의 자존심'이니 말 다한 셈. 높이는 무려 98미터에 달하며, 탑은 '진짜' 금으로 만들어졌고, 다이아몬드를 비롯한 루비, 사파이어, 토파즈 등 각종 보석이 주렁주렁 달려 있다고 한다.

신발을 벗고 맨발로 입장한 뒤 안으로 들어서는데, 말문이 턱 막혔다. 날씨는 분명 흐렸건만 바로 눈앞에서 쏟아지는 '금빛'들이 정신을 차릴 수 없게 만들고 있었

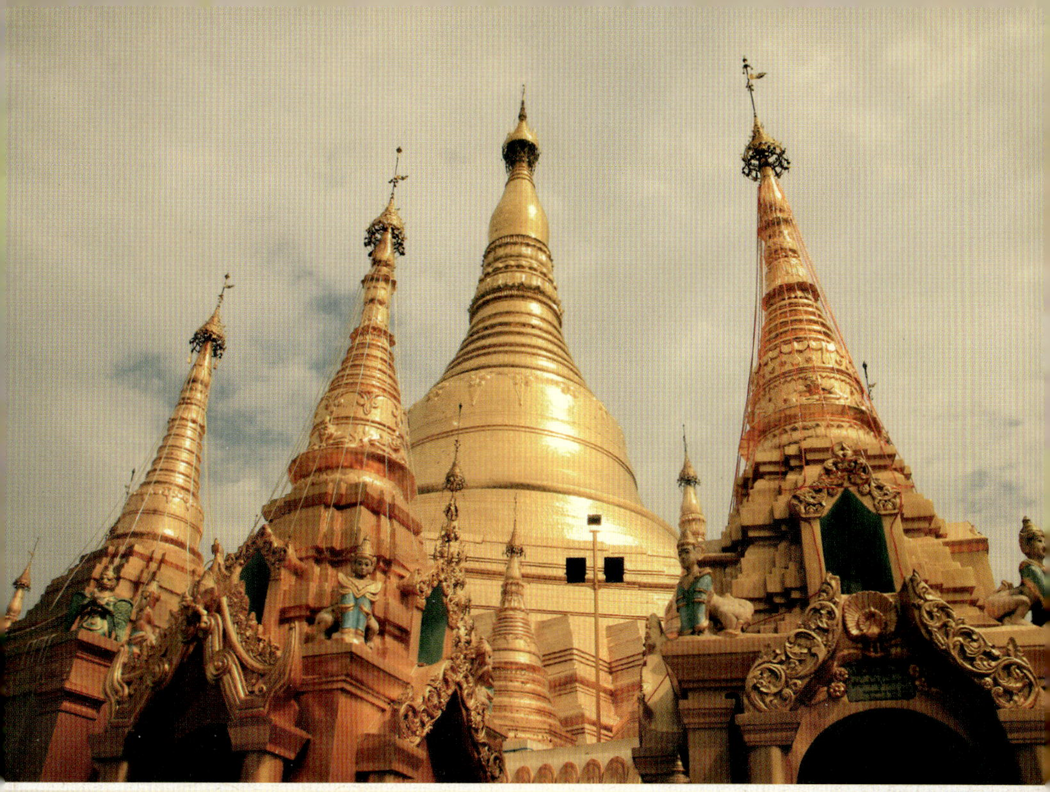

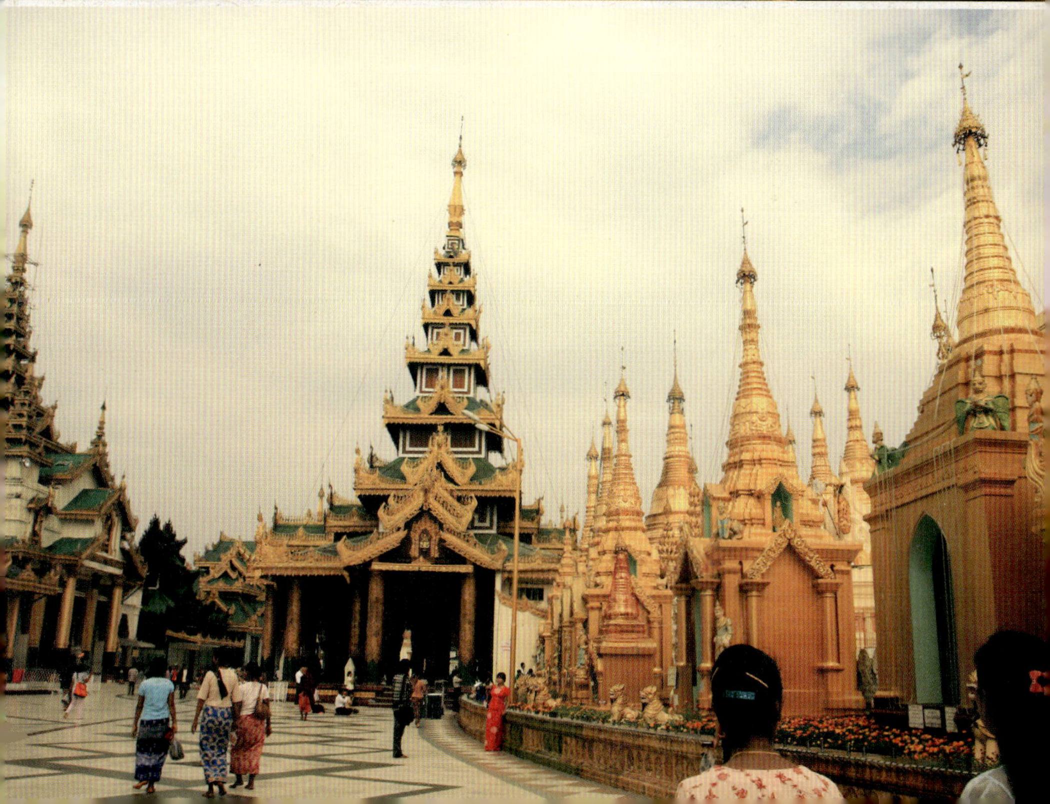

"촛불 하나하나에 담긴 불심의 크기를
어찌 헤아릴 수 있을까?"

기도하는 사람들

"부처님 얼굴에 땟국물이……"

기 때문이다. 아주 어지러울 정도로.

파고다 안을 이리저리 돌아다니며 사진을 찍는데, 렌즈 너머로 '치익' 하고 초에 불이 붙는다. 누군가 이제 막 심지에 불을 댕기고 있었다. 저 촛불 하나하나에 담긴 불심의 크기를 어찌 헤아릴 수 있을까? 바닥에 앉아 있는 사람들에게로 시선을 돌렸다. 모두 같은 곳을 향하여 두 손을 마주 모으고 있었다. 이들은 또 무슨 기도를 드리고 있는 걸까? 엄숙한 얼굴, 경건한 표정에서 그들의 마음을 조금이나마 헤아려보았다.

시계를 보니 12시가 가까워져 온다. 서둘러 약속 시간에 맞춰 나갔는데 그만 길을 잘못 들었다. 사람들이 알려준 방향으로 갔으나 알고 보니 다들 잘못된 방향을 알려준 것이었다. 다시 올바른 길을 찾고 바삐 걷기 시작했다. 헉헉, 숨을 몰아쉬며 사쿠라 타워에 도착하고 보니 1시가 넘어 있었다.

'아, 이런, 많이 늦었는데 어쩌지?'

15층으로 올라가니 쩜모 씨가 나를 발견하곤 사장님에게 전화를 걸었다. 쩜모 씨는 나를 바로 옆에 있는 큰 호텔로 안내했다. 그곳 1층에는 고급 한국 식당이 있었다. 도착하고 보니 사장님은 코트라KOTRA 직원과 이미 점심 식사를 마친 상태였다.

"왜 이렇게 늦었어요?"

"길을 잘못 들었어요. 죄송해요"

"그랬군요. 하도 안 오길래 우린 그쪽이 우릴 인신매매단으로 생각한 게 아닌가 했어요."

"하하하, 아니에요. 늦어서 죄송합니다."

　코트라 직원은 내게 사장님을 만난 건 정말 운이 좋은 거라며, 대단한 인연을 만난 거라고 귀띔한다. 약속 시간보다 1시간이나 늦은 것도 미안한데, 사장님과 쩜모 씨는 내가 식사를 마칠 때까지 기다려주었다.

　"헉!"

　종업원이 건넨 메뉴판을 펼치자 입에서 '헉' 소리가 절로 나왔다. 이렇게 비쌀 수가! 오전 내내 머릿속을 헤집고 다니던 돼지고기 김치찌개가 무려 '13달러'나 하는 것이었다. 이건 김치찌개가 아니라 '금'치찌개다. 나는 여행 중에 먹은 밥 중에 제일 비싼 밥이라며 호들갑을 떨었다.

　김치찌개를 한입 맛보는데 폭풍 눈물이 쏟아진다. 타지에서 한국 음식을 먹으면 그 맛이 덜할 것이라는 편견은 말 그대로 편견이었다. 얼마나 맛있던지 뚝배기에 고개를 처박고 흡입하고 싶었지만 나름 또 체면을 지킨다고 조신하게 먹었다. 으허허!

13달러짜리 '금'치찌개를 맛있게 먹은 뒤 호텔 밖으로 나섰다.

"정말 감사합니다. 한국에 가면 꼭 연락드릴게요."

"별 말씀을요. 여기 있는 동안 무슨 일 생기면 꼭 연락해요."

한국인이라고 선뜻 밥을 사주시는 사장님의 따뜻한 정에 얼마나 감동했는지. 여행에서 만나는 뜻밖의 인연은 항상 잊지 못할 추억으로 남는다. 오늘 만난 인연도 그렇게 되겠지.

호텔 밖에서 흔히 볼 수 있는 저렴한 길거리 음식들

기차 안에서 벌어진 혈투

쩜모 씨와 함께 택시를 타고 양곤역으로 왔다. 사장님이 쩜모씨에게 나를 양곤 역까지 바래다주라고 한 것이다. 우왁, 이과수 폭포와 같은 눈물이 쏟아진다.

양곤에 살면서도 양곤 순환열차를 한 번도 타본 적이 없다고 하는 쩜모 씨. 그는 내가 걱정되었는지 기차 안에서는 물건도 잘 간수하고 몸조심하라며 신신당부했다. 그렇게 쩜모 씨는 티켓 끊는 곳까지 와서 나를 배웅해주곤 떠났다. 쩜모 씨, 쩨주 띤 바대!

순환열차를 타고 양곤 시를 한 바퀴 도는 데 걸리는 시간은 3시간. 요금은 1달

"이쑤시개 하나 정도 물어줘야……"

순환열차 내부

러. 서울 지하철 2호선처럼 같은 경로를 계속 뺑뺑 도는 열차로, 가만히 앉아 있으면 처음 왔던 곳에 다시 내려준다. 그러니 이 얼마나 편리하지 아니한가. 게다가 양곤 서민들의 삶을 있는 그대로 보고 느낄 수 있으니 이보다 더 좋을 순 없었다.

잔뜩 기대에 부풀어 열차에 올라탔다. 순간, 티켓 사무실에 있던 직원이 나를 따라 올라타더니 내 '보디가드'를 자처하겠단다. 뭐라고? 아, 귀찮은데……. 난 보디가드 같은 거 필요 없거든? 난 기차에서 로컬 사람들과 어울리고 싶어서 탄 거란 말이다!

그 직원이 말하길, 자신은 외국인 여행자가 기차에 타면 그들 옆에 앉아 영어 공부도 하고 영어 실력도 키울 겸 자주 동행한다고 했다.

"이름이 뭐야?"

"엄마 무릎이 세상에서 제일 편하고 좋아요."

"코코."

으으, 코코야. 미안하지만 나는 저기 앞에 과일 파는 사람에게 말을 걸고 싶고, 바로 옆에 수줍어서 눈도 못 마주치는 소녀와도 이야기하고 싶고, 문가에 서서 신기한 듯 자꾸 나를 힐끔거리는 남자와도 이야기하고 싶은데, 내가 무슨 죄를 지었니? 왜 자꾸 날 따라 와서 일정을 망치려 드는 게냐!

그러나 귀찮게만 느껴졌던 코코의 존재는 시간이 지날수록 점점 바뀐다.

"코코야, 여기 사람들 진짜 흥미로워."

"이 사람들은 네가 더 흥미로울걸? 봐봐, 다들 널 쳐다보고 있잖아."

"하하하, 그런가?"

코코는 어제도 한국인을 만났는데, 그 여자를 하도 놀려서 울리기까지 했단다.

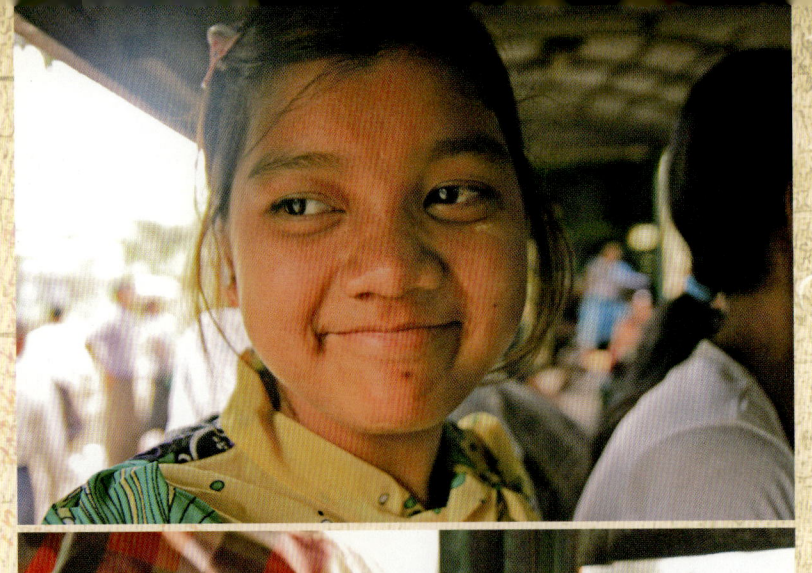

"말 걸지 마! 부숴버릴 거야!"

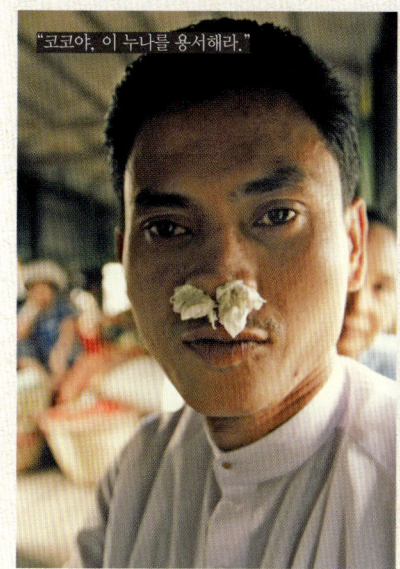
"코코야, 이 누나를 용서해라."

"한판 붙어보자구?"

얼마나 놀려댔기에 울기까지 했을까? 그러고 나서 하는 말이 그녀는 아무 문제없을 거란다. 왜냐하면 서로 땅예진(친구)이니까. 그러더니 이내 나에 대해 솔직(?)한 말들을 거침없이 쏟아낸다.

"킴, 너한테서 안 좋은 냄새나."

"오늘 걸어서 쉐다공 파고다에 갔다 오느라 땀을 한 바가지나 흘려서 그래."

내 말이 끝나기도 전에 코코는 코를 감싸 쥐었다. 그러곤 계속해서 냄새난다고 놀려댔다. 급기야 나는 정색하며 진지하게 물었다.

"나한테 진짜 냄새나?"

"아니. 사실 거짓말이야. 너한테 냄새 안 나. 장난친 거야. 헤헤."

"콱! 한 번 혼나볼래?"

그러나 그의 짓궂은 장난은 여기서 끝나지 않는다.

"네 신발 좀 봐. 그게 뭐냐? 더러워 죽겠네."

"2박 3일 동안 트레킹해서 더러워진 거거든?"

"머릿결도 좀 관리해라. 지저분해! 그게 뭐냐?"

"물이 바뀌어서 그런다, 왜!"

"어휴, 시계에 때는 또 왜 그렇게 많이 꼈어?"

"그게 뭐 어떻다고!"

"푸하하, 너 웃을 때 금니 보인다. 이는 또 왜 이렇게 썩었냐?"

"으으, 너 조용히 안 할래!"

코코가 자꾸 내 신경을 건드린다. 더럽다며 냄새난다고 하질 않나, 머리가 엉망이라며 관리하라고 할질 않나, 핸드폰에 저장된 사진을 보더니 입고 있는 옷이랑 똑같다며 옷이 이것밖에 없냐고 하질 않나. 나도 슬슬 짜증이 나서 반격을 시작했다.

"나한테 말 걸지 마, 코코!"

그리고 그의 입을 손으로 틀어막았다.

"그렇게 내내 웃고만 있으면
땅콩은 언제 파니?"
(열차 안에서 땅콩을 팔던 소녀)

"입도 뻥긋하지 마!"

이번에는 그의 입에 화장지로 재갈을 물려버렸다.

"눈도 마주치지 마!"

그러곤 그의 고개를 두 손으로 잡고 창밖으로 돌려버렸다.

"에잇, 누구 맘대로?"

내 반격에도 전혀 굽히지 않는 코코. 그와 티격태격하며 이런저런 장난을 주고받다 보니 은근 또 재미있어지는 거다. 코코 녀석, 이젠 제법 귀엽게 보이는데?

정신 차려, 코코야!

"킴, 우리 한 곡씩 노래 돌려 부르기 하자."

"기차 안에서 뭔 노래야?"

"해! 해! 롸잇나우!"

그러곤 자기 멋대로 노래를 부르기 시작한다. 그것도 사람이 바글거리는 열차 안에서 말이다. 코코는 감정에 취해서 노래를 끝냈고 흡족한 표정을 지었다. 이제 내 차례인데, 길게 하고 싶지도 않고 후딱 끝내버리고 싶어서 선택한 곡이 바로,

"에이 비 씨 디 이 에프 쥐……."

〈알파벳 송〉이었다. 코코는 그게 무슨 노래냐며 다시 하란다.

"학교 종이 땡땡땡~ 어서 모이자~ 선생님이 우리를~ 기다리신다."

"노래가 왜 그렇게 짧아? 긴 걸로 다시 해."

"보고만 있어도 웃음이 나는 코코."

그의 등쌀에 떠밀려 마지못해 제대로 된 노래를 시작했다. 4 Non blondes의 〈What's up〉을 불렀더니 웬일로 나에게 잘한다며 칭찬을 한다. 주변에 있던 사람들은 우리 둘을 쳐다보며 내내 웃기만 하고, 기차에서 정말 별별 짓을 다 한다.

"킴, 너 진짜 미친 거 같아."

"너도 만만치 않거든? 나보다 네가 더 미친 거 알아?"

"하하하. 네가 더 미쳤어!"

"웃기시네, 홍!"

우리는 서로 네가 더 미쳤다며 우기기 바빴다. 코코에게 한국어로 "정신 차려!"라고 했더니 그게 무슨 뜻이냐고 묻는다.

"다음에 한국 사람 만나면 무슨 뜻이냐고 물어봐. 하하하."

그리고 그 말을 한국어로 적어달라기에 종이에 써줬다. 코코에게 이런 장난을 쳐도 될까? 아마 이해할 거라 믿는다. 나중에 혹여나 그 뜻을 알게 되어도 코코라면 웃고 말 테니까.

기차가 원점으로 되돌아오기까지는 예상대로 총 3시간이 걸렸다. 바라던 대로 로컬 사람들과 많이 어울리지는 못했지만, 코코 덕분에 지루한지 몰랐다. 어느새 정이 들었는지 이젠 코코가 밉기는커녕 고마운 생각이 들었다. 코코, 네 덕분에 기차 안에서 별의별 쇼를 다했네. 색다른 추억을 만들어줘서 고마워.

"반가웠어, 코코."

"나도 반가웠어, 킴."

"잘 가, 미친 미얀마 남자야!"

"푸하하. 잘 가, 이 정신 나간 한국 여자야!"

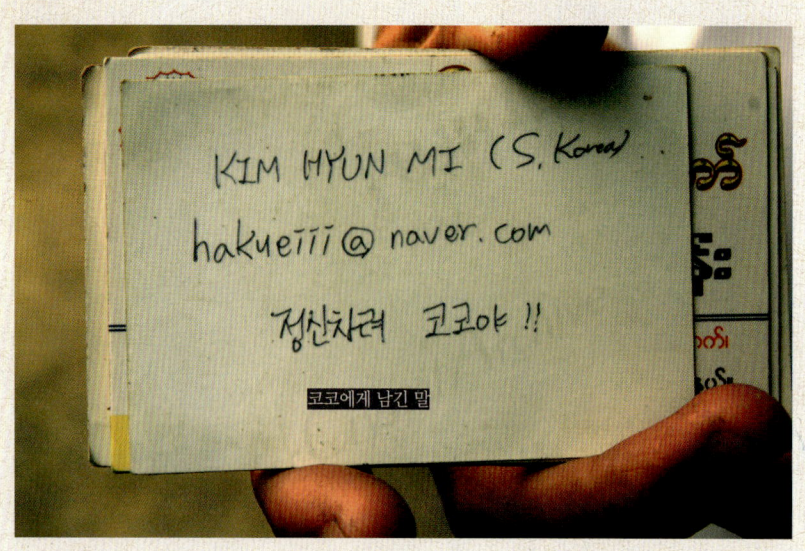

코코에게 남긴 말

양곤 중앙역

악수를 끝내고 뒤돌아서 가는데 코코가 날 갑자기 불러 세운다.
"오늘은 제발 좀 씻어!"
아오, 저걸 그냥 콱!

맥주 두 잔에 녁다운

숙소로 돌아가는 길에 여행 첫날 들렀던 마트에 가서 잠깐 얘기를 나눴던 소녀들을 찾았다. 다행히 오늘도 일하고 있었다. 그동안 이 소녀들을 위해 아껴두었던 구준표 사진을 건넸다.

다시 만난 소녀들.
구준표 사진을 받고 무척 좋아했다.

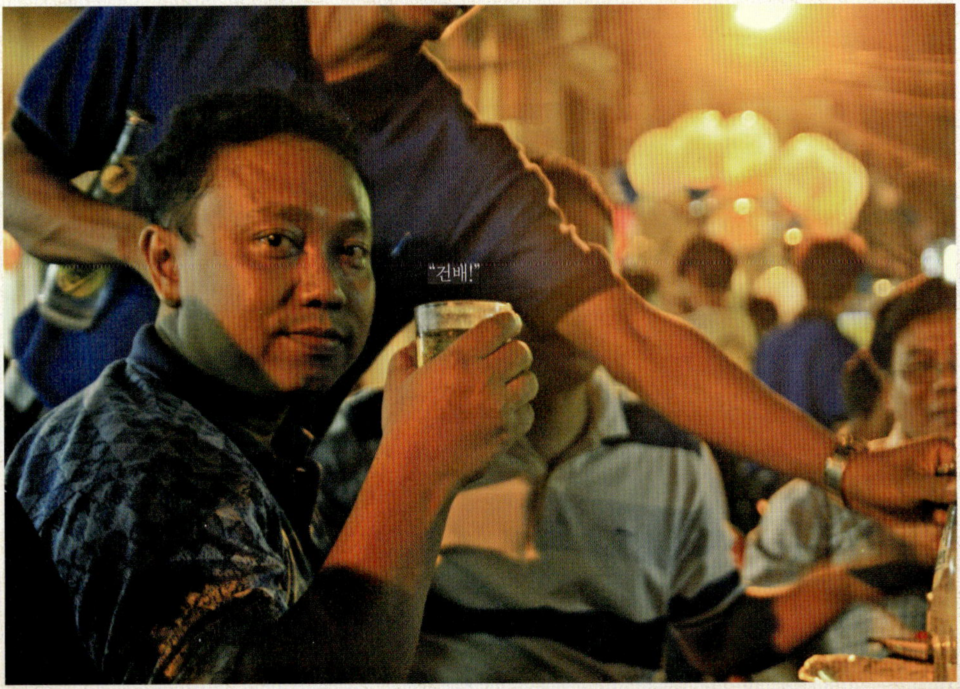

"건배!"

네덜란드엔 '하이네켄', 일본엔 '삿포로'가 있다면 미얀마에는 '미얀마 비어'가 있다!

"얘들아, 나 잊지 마. 내 이름이 뭐라고?"

하니 기억하는 사람이 아무도 없다. 허허허. 사진을 다시 뺏으려고 장난을 치자 소녀들은 빼앗기지 않으려고 필사적으로 막는다.

오늘은 미얀마에서의 마지막 밤. 우쿨렐레를 들고 또 길을 나섰다. 아침에 숙소에서 만났던 한국 사람들과 세꼬랑 꼬치 골목에서 보기로 했기 때문이다. 골목 사이사이를 헤매다가 드디어 사람들을 발견하곤 합석을 했다. 아침에 이분들과 함께 식사할 때 얘기를 나눴는데, 세상에나! 그중 한 분은 같은 고향 사람이었다. '대한민국이 좁다'고 하는데, 이제 '세계는 좁다'로 바뀌어야 할 것 같다!

술이 한 잔 들어가고, 분위기가 무르익어 갈 때쯤 우쿨렐레를 꺼내 들었다. 역시나 이번에도 내 레퍼토리 3곡(〈Hotel California〉 〈I'm yours〉 〈What's up〉)을 연달아 불렀다. 오랜만에 한국 사람들과 함께해서 특별히 한국 가요도 몇 곡 더 연주했다. 그리고 손뼉 치는 사람들 향해 키스 세레모니를 날리며 '땡큐'를 연발했다.

우쿨렐레를 한국에서 가져올 때만 해도 여행에 이 정도로 활력소가 될 줄은 상상도 못했었다. 그러나 우쿨렐레 덕분에 친구들도 사귀고, 술도 한잔하러 가게 되고, 그들에게 추억도 선사하고, 나 역시 멋진 추억을 쌓을 수 있었다. 게다가 '그때 우쿨렐레 쳤던 사람 아니니?' 하고 알아봐 주는 사람들까지!

'미얀마 여행의 마지막 밤을 이렇게 우쿨렐레와 함께 마무리 짓는구나'라고 생각할 때쯤, 몸에 이상이 느껴졌다. 긴팔을 입었는데도 몸이 부들부들 떨리며 갑자기 추워지더니 연달아 하품이 나왔다.

"다들 안 추우세요?"

"어? 저는 더운데, 추우세요?"

"네, 저는 좀 춥네요."

맥주를 고주망태가 되도록 들이부은 것도 아니고 겨우 두 잔밖에 안 마셨는데 왜 이러지? 새벽에 야간버스를 타고 오느라 제대로 못 자서 그런가? 속이 메스껍고 토할 것 같았다. 결국 숙소로 돌아오자마자 넉다운. 으윽, 여행의 마지막 밤을 이렇게 허망하게 보내버리다니…….

인연이 있어야만 올 수 있는 나라

날이 밝았다. 아침에 깨어나니 읍스, 숙취가 안 풀렸다. 정신은 계속 오락가락하고, 거울을 보는데 웬 괴물이 나를 쳐다보고 있는 것이 아닌가! 샤워를 하는데도 이건 내 몸이 내 몸이 아니었다. 게다가 간밤에 모기에게 물렸는지 이곳저곳이 근질근질했다.

식사를 하러 무거운 몸을 이끌고 식당으로 향

"꽉 잡아!"

했다. 숙취 때문인지 속이 그다지 좋지 않았으나, '세계에서 가장 훌륭한 아침 식사'라고 떡하니 걸려 있는 슬로건 때문에라도 필사적으로 먹어야 했다. 나란 여자, 음식 앞에선 불나방처럼 달려드는 여자.

귀국 비행기는 오후 2시 15분. 오전에 잠깐 시간이 날 것 같아서 양곤에서의 마지막 여정을 깐또지 호수에서 보내기로 했다.

호수 입구로 들어서는데 갑자기 누가 막아 세운다.

"입장료 내세요."

"어머, 입장료도 받아요? 얼마예요?"

"2,000짯이에요."

이런, 지금 수중엔 2,100짯(3,000원)밖에 없는데! 이곳에 들어가면 100짯밖에 남

"밸라웃래(얼마예요)?"

"제 찌대(비싸요)~!"

"워따메, 하나 줬으면 됐지
뭘 또 더 달라고 그란다요?"

"앞뒷문은 열고 달려주는 센스!"

"수박 시원하나구요?
그럴 리가요."

"젓가락 탐나네예."

배고플 땐 안 보이다가 꼭 배부를 때만 눈에 띄던 '이짜꿰이(이짜꾸에)'. 러펫예와 함께 먹는 경우가 많다.

"세상이 말세야, 말세."

지 않는다. 그렇게 되면 공항에 갈 차비도 부족해지는 상황. 결국 안에 들어가지 못하고 되돌아 나와야 했다. 가이드북을 꼼꼼히 읽지도 않고 돌아다니다 보니 입장료를 받는지 몰랐던 것이다. 이렇게 마지막 여정을 허탕 치고야 말다니!

가이드북도 숙소에 두고 나와서 주변에 볼만한 것이 뭐가 있는지 알 수 없었다. 어쩔 수 없이 산책이나 할 겸 서서히 술레 파고다까지 걷기로 했다. 이 길은 어제 한국인 사장님이 점심을 사주겠다고 해서 지나갔던 길. 다시 또 그 길을 걸으니 어제 일이 생각났다. 헐레벌떡 뛰어가는데 땀은 비처럼 쏟아지지, 너무 늦은 건 아닐까 걱정되지……. 그렇게 기억을 더듬으며 보족 시장을 지나쳐 숙소로 돌아왔다.

양곤 공항에 도착

    숙소에서 짐을 챙긴 뒤 비행기 출국 시간에 맞춰 공항으로 향했다. 버스에 몸을 싣고 창밖을 바라보고 있노라니 지난 2주 동안 있었던 일들이 머릿속을 빠르게 스쳐 지나간다. '인연이 있어야만 올 수 있다'는 나라, 미얀마. 생각해보니 그동안 만났던 사람들, 그들을 만나기 위해, 짧은 시간일지라도 그들과 추억의 한 페이지를 새기기 위해 이곳에 오게 된 것 같았다. 우린 정말 인연이 닿았던 거겠지?
    사람들의 순수함이 좋았고, 미소가 사랑스러웠던 나라. 그 따뜻함 속으로 또다시 빠져들 날을, 또다시 마주할 날을, 또다시 춤추게 될 날을 그려 본다.

에필로그

'미얀마병'이란 것은 확실히 존재했다. 여행을 다녀온 후로 그곳이 너무 그리워 한동안 허우적댔으니 말이다. 또다시 미얀마 항공권을 검색하고 있는 나 자신을 발견했을 땐 중증에 걸린 것 아닌가 살짝 걱정하기도 했다.

미얀마병, 그 중심에는 '사람들'이 있었다. 맑고 큰 눈을 끔뻑거리며 나를 향해 웃어주던 아이, 들판에서 꽃을 꺾어 내 손에 쥐여주던 소녀, 벌레 먹어 상처투성이인 사과를 선물이라며 건네주던 청년, 차 한잔 마시고 가라고 손짓하며 나를 부르던 아저씨…… 사람 냄새 폴폴 풍기던 그들의 얼굴이 하나둘씩 떠올랐다. 순수하다는 것, 순박하다는 것이 이런 것이라고 눈짓으로, 몸짓으로 말하는 그들이 생생하게 떠올랐다.

사실, 그들을 잠시나마 연민과 동정의 시선으로 바라보기도 했었다. 그러나 얼마 지나지 않아 그런 생각은 거두게 됐다. 가난했지만 여유가 있었고 행복한 사람들이었으니 말이다. 나에 대해 호기심과 호의를 동시에 보여주고, 시답잖은 농담에 웃어주고, 우스꽝스러운 표정에 반응을 보여주던 사람들과의 시간은 너무나도

유쾌했다. 그래서인지 짧은 대화 속에서도 따뜻한 정을 느꼈고 자꾸만 미소를 짓게 됐다.

  사람을 만나고 싶어 떠났던 미얀마. 아니 조금은 특별한 사람을 만나고 싶어 떠났던 미얀마. 이곳에서 만난 모든 인연들에 고맙다는 말을 하고 싶다. 밍글라바, 그리고 쩨주 띤 바대.

부록 | 미얀마 여행 Q&A

궁금해요, 미얀마!

> 미얀마는 현재 굉장히 빠른 속도로 변화하고 있습니다. 정치, 경제, 문화 할 것 없이 모두 말이지요. 제가 입국했던 2012년 1월만 해도 공항에 무선인터넷이 되지 않았는데, 2주간의 여행을 마치고 출국하던 날에는 인터넷이 되는 걸 보고 굉장히 놀랐거든요. 이렇듯 눈 깜짝할 사이에 변하는 미얀마 현지 사정 탓에, 시중에 나와 있는 가이드북에 의존하는 것보다는 최신 정보를 얻는 것이 훨씬 더 중요합니다.

1. 미얀마 여행 정보는 어디서 얻을 수 있나요?

인터넷에 '미얀마 여행'을 검색해보면 굉장히 많은 여행기가 올라와 있음을 알 수 있습니다. 생각보다 아주 많은 분들이 미얀마를 여행했고, 또 그만큼 미얀마 여행을 꿈꾸는 분들이 많다는 것을 보여주는 것이겠죠. 개인 여행기를 통해 세세하고 꼼꼼한 정보를 얻을 수도 있지만, 최신 정보를 얻기에는 여행카페가 더 적합합니다.

미야비즈 http://cafe.naver.com/myabiz (가장 많은 회원 수 보유, 활발한 정보 교류)
밍글라바 http://cafe.daum.net/mingalaba (무료 가이드북 제공, 알짜 정보 많음)

2. 치안이 불안하지는 않나요?

미얀마는 과거 '아웅산 테러 사건'과 '군사정부' 이미지가 강하기 때문에 치안이 좋지 않은 나라라고 생각하기 쉽습니다. 그러나 직접 가서 겪어본 미얀마는 전혀 그렇지 않았습니다. 치안이 불안하기는커녕 오히려 매우 안전했으니까요. 여행 다녀온 분들의 이야기를 들으면 '치안만큼은 세계 최고'라고 입을 모아 얘기하는 곳이 바로 미얀마입니다.

미얀마 민주화 운동의 지도자
아웅산 수치 여사

3. 가져가면 유용한 것들로는 뭐가 있을까요?

긴소매 혹은 담요 야간버스를 탈 계획이 있다면 반드시 준비하세요. 에어컨 바람이 매우 세서 추우므로 바람막이나 점퍼와 같은 긴팔 혹은 담요를 챙겨가면 좋습니다. 야간버스뿐 아니라 겨울에 여행하실 분들도 꼭 챙기시길 바랍니다. 밤에 날씨가 꽤 쌀쌀하거든요.

귀마개(이어플러그) 야간버스에서는 음악 및 영화의 음량을 매우 크게 틀어놓습니다. 귀마개를 해도 들릴 정도지만, 없는 것보단 낫습니다.

모기약 지역에 따라 차이가 있지만, 양곤과 같이 더운 지역은 겨울에도 모기가 있습니다. 모기약은 뿌리는 것보다는 몸에 바르는 액체 타입이 좋습니다. '모스키토 밀크'라는 제품을 추천합니다.

4. 현지인에게 줄 선물로는 어떤 것이 좋은가요?

미얀마에 부는 한류 열풍을 고려해 현지에서 인기 있는 한국 연예인 사진과 아이들에게 불어줄 풍선, 머리끈, 사탕, 초코바를 준비해갔습니다. 특히 연예인 사진은 남녀노소 불문하고 받는 분들이 굉장히 좋아했습니다. 다만, 사탕이나 초코바 등 먹을 것을 '무작정' 나눠주는 것은 추천하고 싶지 않습니다. 외국인만 보면 사탕을 달라고 하는 아이들 때문에 마음이 편치 않았거든요. 같이 나눠 먹거나 도움을 받았을 때 건네는 것은 괜찮겠지요?

5. 현지인과 어울리고 싶은데 노하우 좀 알려주세요!

처음 만났을 때 일단 '한국 사람'이라고 하면 미얀마인 대다수가 호감을 보입니다. '안녕하세요'를 모르는 사람을 찾기란 손에 꼽을 정도죠. 현지인과 어울리는 방법은 사람마다 각자 스타일이 다르겠지만, 저 같은 경우는 '밍글라바, 안녕하세요'와 같이 먼저 인사를 건넸습니다. 그리고 현지인들 사이에 끼어서 무작정 웃고 보는 것이지요. 여기에 간단한 미얀마어 몇 가지를 읊으면 현지인들의 마음을 단번에 사로잡을 수 있습니다. 반대로 간단한 한국어를 알려주는 것도 좋은 방법입니다.

사진을 찍고 싶을 때 미얀마 사람들은 대부분 사진 찍히는 걸 굉장히 좋아합니다. 카메라를 메고 길거리를 지나가다 보면 찍어달라고 말을 걸어오는 사람들을 종종 만나기도 하니까요. 또, 먼저 같이 사진을 찍자고 말을 건네면 매우 반가워합니다. 혹시 양해를 구하지 않은 상태에서 찍게 됐을 때는, 찍고 나서 반드시 '쩨주 띤 바대(고맙습니다)'라는 말을 잊지 마세요.

6. 안 먹으면 후회할 만한 음식으로는 뭐가 있을까요?

모힝가 메기로 국물을 우려낸 후 튀김과 달걀, 채소 등을 넣은 미얀마 전통 쌀국수 요리. 미얀마인들의 대표적인 아침 식사입니다. 고수를 넣기 때문에 사람에 따라 호불호가 명확히 갈리는 음식이기도 합니다. 혹시 고수가 싫다면 '난난빙 마태바네(고수 넣지 마세요)'라고 하면 됩니다.

러펫예 밀크티에 연유를 넣은 미얀마 전통차. 보통 러펫예를 마실 때는 길쭉한 빵 튀김인 '이짜꿰이(이짜꾸에)'나 삼각형 모양의 만두를 튀긴 '사모사'를 곁들입니다. 러펫예를 파는 찻집은 미얀마 어디를 가도 볼 수 있기 때문에 지나가는 사람에게 러펫예를 맛있게 하는 집을 추천해달라고 해보세요.

샨누들 쌀국수에 고기와 각종 양념을 한 고명을 얹어 먹는 샨족의 전통 국수 요리. 쫀득한 식감과 고소한 양념은 우리 입맛에 잘 맞습니다. 비빔국수로 먹기도 하고 육수를 부어 먹기도 하니 입맛에 따라 골라 먹으면 됩니다.

미얀마 비어 산뜻하고 깨끗한 맛을 자랑하는 미얀마의 대표 맥주. 세계맥주대회에서 그랑프리를 획득한 전력이 있는 만큼 맛이 매우 좋습니다. 낮에 돌아다니다가 더울 때, 하루 여행을 마치고 피로가 쌓였을 때, 적당히 톡 쏘는 맛과 풍부한 거품이 일품인 미얀마 비어를 들이킨다면 그것이 바로 천국!

7. 미얀마에서 꼭 지켜야 할 기본예절이 있다면?

불교를 모독하는 언행 금지 미얀마에서는 불교가 종교이자 생활입니다. 미얀마인의 90퍼센트 이상이 불교를 믿고, 불심 또한 매우 깊습니다. 따라서 불교를 모독하는 행동이나 발언은 하지 않도록 합니다.

파고다 및 사원 입장 시 반드시 신발과 양말을 벗고 맨발로 입장해야 합니다.

스님들의 탁발 행렬 시 스님들을 가로질러서선 안 되고, 신체 접촉도 삼가야 합니다.

머리를 만지지 말 것 어른이나 아이의 머리를 만지는 것은 큰 실례입니다.

8. 미얀마에서도 아라비아 숫자를 쓰나요?

미얀마에서는 아라비아 숫자를 쓰지 않고 고유 숫자를 쓰고 있습니다. 대형 마트나 외국인을 상대로 하는 식당, 입장권 등에는 아라비아 숫자를 표기하기도 하지만, 그 외에는 대부분 고유 숫자를 씁니다. 따라서 미얀마 고유 숫자를 미리 메모해놓거나 외워 가는 게 좋습니다.

0	1	2	3	4	5	6	7	8	9
또웅야 [thoun-yah]	띳 [thit]	흐닛 [hnit]	또우 [thou]	레 [ley]	응아 [nga]	차우 [chao]	쿠닛/콩 [kunit]	씻 [shit]	꼬 [go]

(※ 2: '흐닛'의 '흐'는 약하게 / 4: '레'는 '리'로 들림 / 5: '응아'의 '응'은 약하게)

10 떠새 [daseh]　100 떠야 [ta-yah]　1,000 떠타웅 [ta-taun]　10,000 떠따웅 [ta-thaun]

예시) 1234 떠타웅-흐나야-또우재-레　98765 꼬따웅-씻타웅-쿠닛야-차우새-응아

9. 알아두면 유용한 미얀마어가 있다면?

	한국어	미얀마어
1	안녕하세요	밍글라바
2	고맙습니다 / 고마워	쩨주 띤 바대 / 쩨주 배
3	천만에요	야바대 (발음은 보통 '야바래')
4	나는 한국 사람입니다	쩌노(쩜마) 코리야 루묘 바 ('나'를 가리키는 말은 남자는 '쩌노', 여자는 '쩜마')
5	이름이 뭐예요?	나매 밸로 코 들래(나매 밸로 콜래)? / 나매가 바래?
6	내 이름은 '킴'입니다	쩌노(쩜마) 나매 킴 바
7	예뻐요 / 멋져요	초래 / 흘라래 ('흘'은 약하게, '흘라래'는 '나래'로 들림)
8	좋아요 / 안 좋아요	까웅대 / 머 까웅부
9	얼마에요?	밸라웃래?
10	비싸요 / 깎아주세요	제 찌대 / 쇼 뻬바
11	식사하셨어요?	싸비비라? ('싸비비라'는 '사비뻴라'로 들림)
12	미안합니다	아나바대
13	여기서 내려주세요	디흐마 씽 뻬바
14	예 / 아니오 / 모릅니다	호웃께 / 힝잉 / 마띠 바 부
15	고수 넣지 마세요	난난빙 마태바네

10. 그 외에 또 유의해야 할 점이 있다면 어떤 것이 있나요?

화장지를 넉넉히 챙겨가세요 미얀마에서는 고급 호텔이나 고급 식당을 제외하곤 화장실에서 화장지를 찾아볼 수 없습니다. 미리 화장지를 넉넉히 준비해서 당황하는 일이 없도록 하세요.

물을 마실 땐 주의하세요 항아리 등에 담긴 물을 함부로 마셨다간 배탈이 날 수 있기 때문에 슈퍼마켓에서 생수를 사서 마시는 게 좋습니다.

위생 관념이 다를 수 있습니다 지나치게 깔끔한 티를 내거나 혹은 더럽다고 눈살 찌푸리지 마세요. 미얀마인의 생활 방식과 문화를 그대로 존중해주세요.